Si me lo hubieran dicho antes:
consejos para futuros gerentes y empresarios

Erick Guillén Miranda

Septiembre 2015

338.7   Guillén Miranda, Erick
. G958s   Si me lo hubieran dicho antes: consejos para futuros
           gerentes y empresarios / Erick Guillén Miranda. -- 1a.,ed. --
           San José, Costa Rica: E. Guillén M., 2015.
               220 p. ; 19 x 12 cm.

               ISBN 978-9968-47-909-7   . 338.7

           1. EMPRENDEDURISMO. 2. GERENCIA DE PROYECTOS.
           I. Título.

Acuerdo para la publicación del libro

Este libro se publicó con el acuerdo del 9 de marzo del 2015, del Consejo de
la Escuela de Administración del Empresas del Tecnológico de Costa Rica.

Dedico esta obra a mis padres. Papá que siempre fue ejemplo de empresario, director y líder. Mamá que cada momento tuvo un buen consejo y una voz de aliento para seguir adelante.

Índice

¿Por qué escribirle a jóvenes ejecutivos?

Estos textos van dirigidos a universitarios, profesionales, emprendedores y ejecutivos jóvenes que quieren llegar lejos en el mundo empresarial.

En el 2013 cumplí 40 años de vida, edad crucial para muchas personas, y al pensar en eso, he venido cuestionando mi trabajo y mi vida durante un año y medio.

Una de las conclusiones a las que llegué es que ya no tengo la voz de antes; últimamente me ha estado fallando y he decidido dar menos clases.

El dar clases siempre tuvo fines muy claros. Uno de ellos fue mantenerme al día y el otro compartir lo que sé.

En vista de que estaré menos tiempo en las aulas, he pensado que escribir me mantendrá ocupado y sería una buena forma de compartir mis vivencias, conocimientos y aprendizajes.

Durante mucho tiempo he trabajado con personas jóvenes, algunas de último año de carrera, que ya están cerca de iniciar su vida laboral o en camino a ser gerentes o empresarios. A estas personas les quiero seguir hablando. Es un grupo en constante necesidad de consejos y sugerencias para enfrentar la vida laboral.

Quiero enfocarme en generaciones menores a la mía, pues están ávidos de aprender. Pero también quiero dejarles mis vivencias a mis sobrinos y a mi hija, que en algún momento serán profesionales o empresarios.

Espero que se pueda romper aquello de que "nadie experimenta por cabeza ajena" y le saquen provecho a estas historias.

Consejos básicos

Cuando se es demasiado joven para ser gerente

Tenía un problema importante, con 21 años no tenía pinta de gerente.

A inicios de 1994 mi papá me llamó a la oficina y me comentó que tenía muchos problemas con el gerente administrativo que tenía y me ofreció el puesto.

Yo le comenté que apenas estaba iniciando mis estudios en administración de empresas, y que sabía muy poco. Él me dijo: "las oportunidades llegan una vez en la vida, se toman o se dejan pasar. Yo no sé si para cuando estés preparado, el puesto esté disponible".

De febrero a octubre de ese año, estuve al lado del gerente en cuestión, aprendiendo todo lo que hacía. El 1 de noviembre asumí el puesto.

Fue una decisión muy arriesgada de parte de mi papá (yo no la recomendaría), pero funcionó.

Pero tenía un problema importante: con 21 años no tenía pinta de gerente.

Utilicé varias estrategias. Me dejé el bigote y andaba el pelo un poco más largo. Alguien me recomendó que usara traje entero y corbata, que esto me haría ver más formal. Sin embargo, seguía pareciendo un muchacho de 21 años en una posición de gente mayor.

Recuerdo un día que llegué a una reunión, me hicieron pasar y el cliente me dijo: "estoy esperando al gerente administrativo". Y le contesté: "yo soy".

La cuestión sólo mejoró con el pasar de los años, pero sí hubo elementos que me ayudaron mucho a sobrepasar esa época.

Entendí cuales eran los temas claves en mi puesto; en mi caso, la contratación administrativa y las finanzas. En 1994 llevé varios cursos sobre cómo licitar y, posteriormente, de otros tópicos. Me convertí en un experto en el tema.

Tomé la contabilidad con mucho cariño y dedicación en la universidad. Esto luego me facilitó mucho las finanzas. Cada proyecto que debía desarrollar en algún curso lo hacía en la empresa, lo cual me fue permitiendo aplicar todos los conocimientos.

Me preparaba muy bien para cada reunión que tenía. Era normal que memorizara parte del contrato del cliente con el que me iba a reunir.

Tuve siempre mucha humildad para recibir, de los más veteranos, sus consejos, apoyo y llamadas de atención.

El tiempo ha pasado, ya no pienso en el bigote o el traje entero, pero sé que el esfuerzo, la dedicación y el trabajo duro e inteligente me permitieron ganarme el puesto y llegar a dirigir la empresa quince años después.

En este país los currículos se pesan

El currículum vitae (CV) es uno de los principales activos de un profesional.

Una vez conversaba con mi tío Miguel sobre lo que yo hacía en la empresa. En algún momento me cuestionó sobre lo que estaba aprendiendo y cómo lo hacía.

Él se detuvo y me dijo: "en este país el currículum no se analiza, se pesa". Me comentaba que, al inicio de la carrera, uno debía ser capaz de hacer crecer el currículum de tal forma que fuera -literalmente- "pesado", por lo que debía escoger actividades de capacitación que entregaran un título que fuera posible agregar al currículum.

Así que me dediqué a llevar cuanto curso pudiera; asistía constantemente a actualizaciones en temas de mi interés. Antes de cada matrícula venía la pregunta clave: ¿van a entregar certificado de participación?

Esto me abrió muchas puertas y, como tío lo había predicho, la gente se impresionaba por el currículum que tenía.

Sin embargo, en algún momento esta carrera se detuvo. Entendí que había logrado el objetivo inicial pero debía empezar otra fase.

Me volví muy selectivo al escoger los cursos que llevaba. Sólo tomaba aquellos que realmente me dejaran un aprendizaje profundo, actual, relevante y de mi interés. Además escogía las empresas o instituciones donde llevaba los cursos, para que el título no solo aumentara el peso del currículum sino también la calidad.

He tenido el cuidado de guardar cada título en fundas de plástico para archivar documentos, de tal manera que cada uno está protegido y, a su vez, todos juntos están resguardados en una bolsa hermética de plástico.

Siempre tengo el cuidado de hacer dos fotocopias de cada título. Una la uso para adjuntar a copias de mi currículum y no uso los originales, pues si lo hago se van dañando. La otra fotocopia la utilizo para enviarla al departamento de recursos humanos de la empresa y que la agreguen a mi expediente laboral.

Usualmente tengo unos 5 o 6 CV impresos y empastados, con el total de los títulos. Esto me ha sido muy útil cuando he buscado trabajo o me lo han ofrecido.

Si usted no había tomado tan en serio esto del CV, inicie hoy: dele forma y peso al suyo. Si ya inició, mejórelo y sáquele provecho.

¿Cuánto cobro por mis servicios? (1)

Trate de averiguar el presupuesto del cliente.

El profesional joven se enfrenta a la difícil tarea de cobrar por los servicios que vende. Me refiero especialmente a bienes intangibles, como servicios de capacitación, asesoría, diseño y otros similares.

Cuando aparece un cliente, es la oportunidad de oro, ya que representa un ingreso fresco, pero se experimenta una sensación terrible de no saber cuánto cobrar.

Si uno cobra muy poco, pasará por novato, por poco conocedor del medio y estará regalando el trabajo. Por el contrario, si el monto es demasiado alto podría perder el trabajo.

Recuerdo una vez que me llamó una estudiante; trabajaba para una empresa nacional muy grande, líder en su sector.

Se le notaba un poco ansiosa y me dijo lo siguiente: "Profesor estoy muy angustiada, tengo un evento con todos los supervisores de ventas del país y el expositor de fondo me canceló. Yo sé que debí haberlo tomado en cuenta desde el inicio y no como segunda opción, pero en este momento necesito que me ayude".

Conversé un poco con ella y le pregunté: "Dígame algo: ¿cuánto presupuesto tiene?, para ver si me puedo acomodar al monto".

Ella me contestó que sólo tenía $200 para un evento de una hora y media a dos horas.

En ese instante me alegré de hacer la pregunta correcta, pues yo estaba pensando en cobrar tan sólo $20 por hora. Como no me dedicaba a dar charlas, no tenía ni idea de cuanto cobrar.

En vista de la situación le dije a mi afligida clienta: "Honestamente yo no cobro eso, pero por ser usted le voy a colaborar y me acomodo al presupuesto de los $200".

Cabe agregar que después me enteré que el expositor que había cancelado era un reconocido conferencista nacional y que me estaban ofreciendo a mí el honor de sustituirlo, por lo que yo hubiera ido hasta de gratis.

Muchas veces el cliente tiene un presupuesto o una idea clara de cuánto le han cobrado otras veces; hable con él y cobre en consecuencia.

¿Cuánto cobro por mis servicios? (2)

Arriésguese a cobrar bien por lo que usted hace, dele valor a su esfuerzo.

En otra oportunidad me topé con un compañero del colegio que es diseñador gráfico, un tipo verdaderamente talentoso.

Conversando me contó que estaba un poco decepcionado y le pregunté por qué. Me respondió que había hecho una oferta a un estadounidense de una transnacional. Tenía que hacer una aplicación informática de diseño bastante particular.

Me comentó que cobró mucha plata, que presupuestó cambiar todas las computadoras de su oficina, comprar impresoras y escáneres, además de una buena ganancia para él y su socia, y con todas estas cosas en mente hizo su oferta.

Llegó un poco temeroso donde su cliente, presentó su proyecto y al cliente le gustó mucho su propuesta. Cuando tocaron el tema del precio, le dijo que le cobraría $70.000 por el trabajo y el negocio se cerró de inmediato, sin descuentos ni regateos.

Siguieron hablando del proyecto y no pudo quedarse con la duda. Le preguntó cuanto tenía disponible para el proyecto y con tranquilidad le dijo $500.000, ya que en Estados Unidos estos trabajos son muy caros.

Ese día entendimos que había que averiguar muy bien quién era nuestro cliente, su empresa y demás condiciones, pues esto afecta sensiblemente los presupuestos.

Un aspecto que funciona otras veces es pedir cotizaciones en empresas competidoras para ver cuánto cobran ellos por los proyectos o servicios.

Admiro de mi amigo que cobrara alto (por lo menos según su visión inicial), pues si el monto es alto es más fácil hacer una contrapropuesta y bajar el precio, que cobrar barato y saber que "se está quedando dinero en la mesa".

Arriésguese a cobrar bien por lo que usted hace, dele valor a su esfuerzo y si su trabajo es excelente, los clientes van a entender que usted cobra bien y que el precio es acorde a su servicio.

¿Cuántas horas debo dedicarle a mi trabajo?

El compromiso está en trabajar con intensidad y dedicación.

Un día al salir de la empresa, mi papá pasó por mi oficina para irnos a la casa. Al verme recogiendo muchos documentos, me preguntó: "¿para qué lleva tantos papeles?". Yo le contesté que tenía mucho trabajo y que iba a adelantar en la casa. Su respuesta fue: "siempre va a haber mucho trabajo, suficiente para trabajar las 24 horas de día". Agregó que si quería trabajar me quedara en la oficina, pero que a la casa se iba a descansar o hacer otras actividades.

Esta conversación me marcó y me quedó clara su posición; nunca volví a llevar trabajo a la casa.

Al cabo de los años, la discusión sobre las horas de trabajo sigue estando presente y he llegado a la conclusión de que hay dos grandes vertientes de pensamiento al respecto.

La primera que dice que el compromiso está en función de las horas que usted trabaje y, en este sentido, si usted se va temprano, es que no está comprometido con la empresa.

La segunda habla de que si usted tiene muy bien asignada su carga de trabajo y es eficiente, debe salir a la hora indicada. El compromiso está en trabajar con intensidad y dedicación.

Yo me quedo con la segunda, aunque, si bien es cierto, en temporadas o ciertos momentos de la empresa es vital quedarse más tiempo y sacar la tarea, pero no puede ser esta la norma.

En una ocasión una estudiante me comentó que la empresa donde trabajaba estaba recortando personal y distribuyendo las tareas entre los que quedaban. Esto les estaba representando jornadas de 18 horas diarias de intenso trabajo y ya les habían dejado claro que no contratarían más personal. Al ver que esto no mejoraría y que su matrimonio y sus estudios estaban en jaque, a los pocos meses renunció.

También tengo claro que hay muchos que trabajan hasta altas horas de la noche porque en el día trabajan menos o con poca intensidad y se quedan a trabajar "horas extra". Algunos para cobrar un salario de más, otros para llevarse el reconocimiento por las amplias jornadas laborales y a veces hasta para no llegar a su casa por algún motivo personal.

Me gusta saber que mi gente trabaja duro, pero que también tiene tiempo para ser estudiantes, padres o madres y personas felices fuera de su trabajo.

¿Para qué tildar las palabras?

No descuide la redacción y la ortografía, pues lo que usted escribe es su imagen ante los demás.

Recuerdo que estaba en sétimo año y uno de los referentes del grupo -- ya él estaba en undécimo -- me dijo: "¿para qué se preocupa por tildar las palabras?, eso no es importante". Así que desde ese día las tildes y demás normas ortográficas pasaron a un segundo plano; no eran importantes para mí.

Tan grande fue el descuido de mi parte que estuve a punto de perder el examen de bachillerato en español por los problemas tan serios que tenía en ortografía.

El asunto se complicó más cuando llegué a mi proceso de inducción en la empresa. Una de mis funciones era hacer las notas del departamento administrativo.

Lo usual era que mi jefe me devolviera cada carta rayada por todas partes, con muchas faltas de ortografía y redacción.

Tuve la dicha de llevar un buen curso de redacción y ortografía en la universidad. Al inicio me pareció demasiado aburrido, pero cuando vi que las reglas ortográficas, las normas comerciales de redacción y los consejos del profesor empezaron a hacer que mi jefe devolviera con menos correcciones las cartas, le puse mucha atención.

Ya de profesor, recuerdo que, en algunas clases, estudiantes me corrigieron vocablos y mi falencia me hacía pasar un mal rato.

Posteriormente desarrollé un buen hábito de lectura que ha sido clave para que muchos años de descuido se vayan corrigiendo.

El asunto ha tomado una importancia mayor con la popularización del correo electrónico, las redes sociales, los mensajes de texto en el teléfono y las publicaciones web. Es tan desagradable ver una publicación con faltas ortográficas o con problemas serios de redacción; eso habla muy mal de su remitente.

Para mí es normal tener abierto el sitio web de la Real Academia Española (www.rae.es) con el fin de salir de cualquier duda; además de usar el corrector ortográfico de la computadora y un diccionario de sinónimos y antónimos.

Con el paso del tiempo he logrado mejorar mucho. Las reglas, el diccionario, la lectura y el corrector del procesador de palabras me han ayudado muchísimo, y algunas veces me sorprendo porque ahora soy yo el que devuelve las cartas rayadas, indicando los errores.

No descuide esta área, pues lo que usted escribe es su imagen ante los demás.

Del técnico al líder

Saber dirigir personal, empresas y negocios le puede representar muchos réditos en el futuro.

Al salir del colegio, la mayoría de mis compañeros escogieron carreras en ciencias duras (química, física o matemática) o ingenierías. Fuimos pocos del área económica o social.

Al cabo de los años se convirtieron en excelentes profesionales, destacados en sus organizaciones, lo cual les llevó a una encrucijada típica: seguir en su área técnica o pasar a dirigir la empresa o institución donde trabajan.

El gran problema es que a muchos de ellos no los prepararon para esto y tienden a presentar grandes vacíos. Por lo general, pasaron de hacer algo muy bien, a administrar de forma deficiente.

Es claro que la burocracia, el manejo de personal, la estrategia empresarial, el mercadeo, las finanzas y las habilidades suaves (comunicación, liderazgo, trabajo en equipo, etc.) les complican mucho el trabajo a quienes solo son muy buenos en la parte técnica, y eso genera frustración.

El conocimiento administrativo es clave para el éxito en el nuevo puesto. Los mejores resultados los he visto en casos donde mis compañeros volvieron a las aulas a estudiar administración, gerencia o proyectos, y desarrollaron el conocimiento y las habilidades para enfrentar con éxito sus nuevas labores.

Los estudiantes de ciencias duras e ingenierías necesitan llevar muchas matemáticas, físicas y químicas. Pero ya cuando lo que han aprendido se queda corto, no queda más que aprender a administrar.

El Tecnológico de Costa Rica, por ejemplo, tiene una maestría en Administración de Empresas dirigida a ingenieros, y es sorprendente ver a un estudiante, que es un gran ingeniero, convertido en un gran gerente. Son profesionales integrales, entienden su negocio y de negocios.

Si usted no conoce de administración, le insto a que estudie; saber dirigir personal, empresas y negocios le puede representar muchos réditos en el futuro.

Escuchar al cliente no es suficiente

Es mejor hacer la pregunta correcta, que tener la respuesta correcta.

En una oportunidad, hace bastante tiempo, me llamó un cliente que le urgía reunirse conmigo. Don Guillermo era muy exigente, tenía una edad similar a la de mi papá y sólo llamaba cuando de verdad había pasado algo. Yo le tenía mucho respeto (casi miedo).

Me armé de valor y de inmediato fui a visitarlo. Traté de hacer todo lo que dice el manual para atender a un cliente: lo visité rápidamente, lo escuché con atención, traté de ser empático y le di la razón, pues efectivamente había pasado algo.

Lo que había sucedido era que un oficial de seguridad no había seguido un protocolo y se había generado un problema. Don Guillermo estaba muy molesto, con paciencia lo escuché y, en cuanto pude, regresé a la empresa y programé la sustitución del oficial por otro. Ya para el día siguiente estaba un nuevo muchacho trabajando en la fábrica del cliente.

Para mi sorpresa, en cuestión de minutos tenía a don Guillermo en el teléfono tan bravo o más que el día que lo fui a visitar. Me preguntó que por qué le había quitado al muchacho anterior, el del problema. Yo le dije que con todo lo que él me había dicho yo había asumido que no lo quería más en su empresa, a lo que él me contestó que no, que si bien era cierto que había cometido una falta, era un buen elemento, así que por favor se lo mandara de vuelta.

Esto fue una gran lección para mí, pues aprendí que la solución que yo puedo ofrecer, también debo discutirla y consensuarla con el cliente.

Lo que me ha funcionado en estos casos es tratar de hacer las preguntas clave, relacionadas con la forma de resolver el problema. Es mejor hacer la pregunta correcta, que tener la respuesta correcta.

Muchas veces, el cliente está dispuesto a construir con nosotros la mejor solución a los problemas que se presentan; sobre todo cuando las situaciones no son fáciles de resolver o hay múltiples soluciones. Analicen en conjunto los posibles escenarios, establezca ventajas y desventajas, y proceda con el visto bueno del cliente.

La buena actitud

La buena actitud se aprende

La actitud mental positiva o negativa determinará su vida.

Ese había sido un día muy duro y complicado; salí tarde de la oficina. Tenía clases de maestría y no quería faltar. En el énfasis, los cursos se habían puesto muy interesantes. Esa noche la clase era de un curso sobre Conducta del Consumidor, impartida por el doctor Gilbert Aubert.

Don Gilbert tenía la costumbre de ponerle llave a la puerta mientras pasaba lista. Evidentemente, no llegué a tiempo y me quedé afuera. Me fui muy molesto a la cafetería; me reprochaba la forma en la que el profesor me había dejado afuera y yo sabía que no había sido culpa mía.

Una hora después estaba un poco menos enojado y decidí subir a la clase. En clase siguió mi molestia, pues el profesor hablaba del cliente y yo pensaba: "¿cómo es que dejan afuera a un cliente...?". No me aguanté las ganas y al final de la clase le dije lo que pensaba y lo molesto de que no me hubiera dejado entrar.

Él me dijo que lo había notado, pero que a él le iban a pagar la clase, que mis compañeros habían aprendido y que él único que perdía era yo.

Eso le echó más leña al fuego, pues me había dicho esto delante de todo el grupo.

A la semana siguiente me llamó aparte del resto de la clase y me dijo que iba a dar una charla de "Actitud mental positiva" y que me quería regalar un espacio.

Me fui a la charla un poco escéptico, pues yo no tenía problemas de actitud.

Ese día entendí lo equivocado que estaba, lo iracundo que me comportaba y cómo debía hacer un cambio en mi actitud.

Vimos casos, ejemplos y algunas recomendaciones que vienen en los siguientes capítulos, pero lo más importante es que logró hacerme ver que el equivocado era yo.

Desde ese día don Gilbert se convirtió en uno de mis consejeros y le debo mucho de mi éxito. Sus enseñanzas las he transmitido, y en cada curso que doy sobre actitud o liderazgo, cuento esta historia.

¿Es su actitud la correcta para lo que está haciendo? ¿O necesita que le cierren la puerta en la cara y lo pongan en evidencia delante de todos para entender que el del problema podría ser usted?

Las 10 recomendaciones que recibí

para lograr una actitud mental positiva (parte 1)

No puede ser que una nube controle nuestra vida.

Con mucho escepticismo llegué al hotel donde se realizaría la charla de "Actitud mental positiva". Fui recibido, con mucha emoción, por mi profesor, el doctor Gilbert Aubert.

Conforme fue avanzando el evento fui recibiendo enseñanzas y "golpes" que me hicieron reflexionar sobre mi actitud. Les presento un resumen de lo que aprendí ese día.

1. La manera como nos despertamos. Si a usted el primer pensamiento que le genera al cerebro es de pereza, desánimo, desinterés, prepárese pues va a tener un día complicado. Si por el contrario, se despierta alegre, contento, con ganas de hacer y enfrentar los retos, usted inició el día con el pie derecho. Busque algún elemento positivo que le ayude a mejorar el ánimo.

2. Nunca juzgar el día por el clima. Muchas personas se deprimen si el día amanece nublado o lloviendo, y en un país como Costa Rica, donde llueve de seis a siete meses al año, eso es peligroso. No puede ser que una nube controle nuestra vida. Hubo una vez una mujer que dijo: "Qué bueno, llegó el invierno para comprar botas...". Eso es actitud positiva.

3. Ser agradecidos. Uno no hace favores esperando algo a cambio, pero qué agradable es cuando a uno le dan las gracias de forma amable y cálida. ¿Cuántas veces, mientras está en una

congestión vehicular, le da campo a alguien y esta persona no agradece ni con un dedo? Cuando alguien le ayude, no olvide ser agradecido; esto le dejará las puertas abiertas.

4. Tener una expectativa positiva. No somos adivinos para saber cómo van a terminar las cosas, pero sí podemos tener la esperanza de que todo va a salir bien. Si le apuntamos a las estrellas, lo peor que puede pasar es que le peguemos a la luna. Si tenemos dudas de lo que va a pasar, tratemos de ser lo más positivos posible y pensar que se puede lograr.

5. Cuidar el cuerpo, arreglarnos. En mi época de estudiante de psicología, muchas compañeras soñaban con tener el consultorio y un salón de belleza juntos. Ellas tenían muy claro que cuando necesitaban subir su energía y autoestima, una pasada por el salón ayuda. Además de la apariencia, la buena salud es clave para afrontar la vida. Cuídese de lo que come y cómo lo come. Haga ejercicio y manténgase en forma.

Las 10 recomendaciones que recibí

para lograr una actitud mental positiva (parte 2)

La constancia es un arma vital para enfrentar la vida.

6. No dejarse afectar por las cosas fuera de nuestro control. Es muy típico que nos estresemos por la variación del tipo de cambio, del precio del petróleo, por la presa vehicular en la autopista, pero no podemos hacer nada para cambiar esto, por lo tanto no nos debería afectar. Lo que debemos hacer es trabajar en lo que sí podemos controlar: que los ingresos y los gastos estén en la misma moneda, tener un carro que consuma poco combustible o salir más temprano de casa para no toparse con el caos vial. Enfóquese en lo que sí puede controlar.

7. La manera como saludamos. Cuando yo me topo a gente que me saluda sin ganas, derrotados o con frases destructivas, yo mejor me alejo sin dejar pistas. Frases como: "aquí como cuando usted era pobre" o "aquí pasándola" evidencian desinterés, mala actitud y pocas ganas de lograr éxitos en la vida. Por el contrario tengo un buen amigo que al preguntarle "¿cómo te va?" la respuesta de él es: "mejor no se puede, más es gula" siempre con la sonrisa de lado a lado.

8. Como nos expresamos de los demás y de nosotros mismos. Tenga presente que si un compañero nos trae chismes también los lleva. Tenga claro que la gente que se acerca sólo para traer chismes, cuentos y desinformaciones, también hablará de usted con los demás. Evite esta gente, pues envenenan el alma.

9. Desarrollar una visión del futuro. Dedique tiempo para definir qué es lo que usted quiere lograr en la vida. Levantarse cada día sin un propósito claro no tiene sentido. Cuando usted tiene claro lo que quiere, todos los días construye eso que usted quiere lograr.

10. Comprométase. La constancia es un arma vital para enfrentar la vida. Si no hay compromiso no se lograrán los objetivos trazados.

Estas diez simples ideas permitieron que cambiara mi forma de ver el mundo, de enfrentarlo y evitar que yo mismo me saboteara.

Le invito a que enfrente la vida con otra actitud, una actitud que le permitirá lograr lo que usted quiere: la actitud mental positiva.

¡Qué equivocado estaba!

El que tenía que cambiar era yo

La cortesía, la cordialidad y la atención hacen que uno se gane el respeto de los demás.

Recibí mi primera oferta para trabajar como profesor en el 2002.

Mi buen amigo, Arnoldo Araya, era director de carrera y pensó en mí para un curso de estrategia empresarial. Por supuesto que acepté.

La universidad estaba ubicada en San José centro y los espacios de parqueo interno eran escasos. Si uno llegaba un poco ajustado de tiempo ya no encontraba lugar y había que dejar el carro en la calle o pagar estacionamiento.

Un día que llegué muy ajustado de tiempo no encontré espacio y el señor que cuidaba me indicó que no había campo. Yo le insistí que veía unos campos adentro, que me dejara ingresar. Pero me contestó que no, que esos campos estaban reservados.

Este asunto me molestó mucho y mi primer impulso fue reportarlo a la administración de la universidad. Luego recordé que era nuevo y no me había ganado el derecho de piso.

Después de meditar un poco caí en el entendido de que no sabía nada de ese señor. Me di a la tarea de averiguar su nombre: se llamaba Juan, don Juan.

Empecé a hacer mi trabajo, durante varias semanas lo saludé y sistemáticamente recibía un gruñido por respuesta.

Averigüé que era seguidor del equipo Herediano. Y cada semana algo le decía del equipo, si ganaba lo felicitaba y si no, le hacía algún comentario.

Yo tenía claro que la cordialidad, el respeto y la cortesía no dependían del otro, inician por mí y surten efecto en el mediano y largo plazo.

Otro día que venía tarde, al pasar a pie frente al estacionamiento de la universidad don Juan me dijo: "Profe, ¿dónde dejó el carro?". Yo le contesté que en el parqueo y él me contestó: "la próxima vez venga directo, yo le guardo un campo".

Ese día confirmé que yo tenía que cambiar, que no era posible que no supiera ni siquiera el nombre o los gustos de la gente con la que trabajaba.

La cortesía, la cordialidad y la atención hacen que uno se gane el respeto de los demás.

Recomendaciones

para novatos

En el primer semestre del 2014, mi grupo de Estrategia Empresarial del Tecnológico de Costa Rica, sede de Cartago, me pidió que escribiera sobre recomendaciones para enfrentar su práctica profesional y posterior integración al mundo laboral.

Este capítulo es para ellos.

Algunos consejos para mejorar su desempeño

Ponga fuego en su corazón.

Este, igual que los demás textos, busca guiarle, recomendarle y ayudarle a mejorar su desempeño en sus primeros años laborales.

- Primero que todo, trabaje en lo que le guste; procure que la decisión de dónde laborar no sea solo por dinero, sino que cada mañana al despertar dé un brinco y le alegre saber que hoy es el día de completar el proyecto que está dirigiendo, o cuando cerrará el negocio que ha venido gestando... y que ¡definitivamente desea llegar al trabajo! Dice Tom Peters que la pasión es poner fuego en el corazón.

- Lo segundo, haga que las cosas salgan bien a la primera; este es un principio básico de calidad.

- Tercero, hacer las cosas bien por muy pequeñas que sean. Dice Mateo 25:21 que: "si me fuiste fiel en lo poco, en lo mucho te pondré". ¿Cómo va uno a pensar en promover a alguien, si no puede hacer bien las pequeñas tareas cotidianas?

- Cuarto, la dedicación y el compromiso marcan la diferencia en el trabajo. Hay que esforzarse, prepararse, dedicarle tiempo a lo que hacemos y los resultados se van a ir presentando.

- Quinto, así como le recomiendo que trabaje en lo que le gusta, hay que tener claro que ningún trabajo es perfecto y siempre existirán tareas que a uno no le gusten; mi recomendación es ponerle el mismo amor y cariño a estas tareas. No todo es dulce, hay cosas molestas que tenemos que hacer. Por ejemplo una de esas actividades es despedir a alguien. He tenido claro que si no tomo esas decisiones, pongo en riesgo mi puesto y mi empresa.

- Sexto, la vida empresarial se parece más a una maratón que a una carrera de 100 metros, por lo que, en caminos largos, hay que rodearse de gente muy buena. Cada persona que llevo a un puesto debe saber más que yo de ese puesto (eso nunca me dio miedo), por lo que me garantiza que el aporte sea muy grande.

Mi objetivo no es que esto sea un recetario, sino más bien compartir con usted aspectos que podrían ayudarle a desarrollarse en su vida profesional.

Recomendaciones para hacer

un currículum vitae (CV) [1]

Una vez que lo tenga listo, déjelo reposar.

Contar con una buena hoja de vida le facilitará conseguir entrevistas de trabajo, por lo que se le debe poner especial atención a este tema.

Piense qué es lo que quiere transmitir. Es necesario tener claro cómo quiere presentarse ante el potencial empleador. Debe contemplar cuáles son las habilidades y logros que quiere resaltar y cómo estos se ajustan con la posición a la que está aplicando.

Procure que no exceda las 2 páginas, que sea breve, conciso y preciso. El reclutador promedio dura alrededor de 30 segundos revisando un CV. Hay que asegurarse de que la información que se incluya sea lo suficientemente precisa y atractiva, como para que capture la atención del reclutador.

Incluya sus especialidades y certificaciones. No use siglas que otros no van a entender, evite la confusión.

Tenga cuidado al redactar. Una vez que esté claro el mensaje, debemos escoger o crear una configuración que nos facilite transmitirlo en una forma clara y que invite a la lectura.

Una vez que lo tenga listo, déjelo reposar de dos a cinco días; luego léalo, revíselo y corríjalo. Posteriormente, busque a alguien que tenga buena redacción y ortografía para que le dé otra revisada. Un error ortográfico no es admisible, tampoco los errores de formato o redacción. Prepárelo con tiempo y póngale cariño.

No se acostumbra dar información de dirección física, edad, religión, afiliación política, estado civil o número de hijos. Esta información no es relevante en términos laborales y puede dar paso a la discriminación.

[1] Este artículo se escribió con la colaboración de Sylvia González Navarrete, Máster en psicología industrial y experta en temas de Capital Humano.

Consejos para la primera entrevista de trabajo [2]

Sea sincero, no mienta y procure ser usted mismo.

Cuando le llamen a una entrevista, tenga presente que desde ese momento le están evaluando. Procure transmitir por teléfono sus mejores características, por ejemplo: formalidad, interés, dinamismo; o lo que usted crea conveniente. Trate de dejar una excelente impresión.

Con las nuevas tendencias de comunicación digital, tenga presente que las redes sociales, aún cuando usted las use para fines personales, son parte de la imagen que como profesional proyecta. Los comentarios o fotografías que comparta en cualquier red, pueden ser revisados por su posible empleador y podrían beneficiarlo o perjudicarlo en la contratación.

Ahora, usted debe hacer un trabajo previo a la cita. Lo primero es conocer sobre la empresa. Revise su sitio web, conozca a qué se dedica, sus proyectos, clientes y todo lo que esté a la mano. Busque en Internet, lea los artículos que se hayan publicado. Si es posible, converse con gente que conozca esa empresa: pregunte cómo es el ambiente, trate de averiguar quién es la persona que entrevista y cómo es; cómo visten en el lugar, para ir vestido similar el día del encuentro. Piense en cómo usted puede contribuir a lo que esa empresa hace. Si puede, visite la empresa para conocerla y ubicarla bien, y así no llegar tarde el día de la entrevista.

Prepare el mensaje que quiere transmitir según el puesto al que está aplicando.

Apréndase su currículum vitae (CV), tiene que ser congruente lo que usted escribe con lo que dice. Repáselo antes de la entrevista y lleve una copia impresa.

Llegue con tiempo, tal vez unos 15 minutos antes. Llegar tarde le podría cerrar puertas. Además, porte un bolígrafo y lleve dónde anotar, como una libreta de apuntes.

Debe cuidar su presentación personal, llegar sin comer chicle y sin perfumes o colonias fuertes. Si usted se perfumó antes de la entrevista, lávese las manos; no es muy agradable darle la mano a alguien y quedar lleno de su colonia.

El entrevistador es quien lleva la entrevista, deje que la persona conduzca el proceso. Procure establecer una relación cortés; observe al evaluador a los ojos. Evite el exceso de confianza.

Durante la entrevista le van a preguntar sobre su experiencia y conocimientos, le querrán conocer como persona y sus objetivos laborales. Procure dejar muy clara la relación de lo que hizo, cómo lo hizo y, sobre todo, los resultados obtenidos.

Si está saliendo de la universidad y tiene poca experiencia, trate de pensar en si hay otras vivencias que puedan ayudarle. Por ejemplo, si fue asistente de algún profesor. O si tuvo experiencias extracurriculares: algún evento que haya organizado, trabajo con equipos como en política, grupos artísticos o deportivos. Puede conversar sobre los proyectos que realizó en los diversos cursos; identifique el impacto que generó ese trabajo en la empresa y en su formación.

Muestre interés en el trabajo. Sea sincero, no mienta y procure ser usted mismo.

Hable en forma positiva; no es bien visto hablar en forma despectiva de otras experiencias laborales, de jefes o de compañeros.

Si necesita de alguna concesión importante, como tiempo para seguir estudiando por ejemplo, debe hablarlo en el momento.

Puede preparar preguntas que le ayuden a indagar si esta es la empresa donde quiere trabajar, tales como: ¿qué tiene que hacer?, ¿dónde es el trabajo?, ¿cuáles son las condiciones?, etc.

El tema salarial no es una pregunta que se deba hacer durante la entrevista, pero sí debe prepararse para contestar sobre sus expectativas, en caso de que le sean consultadas. Lo que sucede es que si el evaluador percibe que su único interés es económico, tratará de buscar a otro que le interese el trabajo, la empresa y el desarrollo profesional.

Si le pregunta por la pretensión salarial, debe tener una expectativa realista.

Por más que se prepare, siempre puede haber alguna pregunta que lo saque de balance; en ese caso, mantenga la calma, piense lo que va a decir y conteste con tranquilidad.

[2] Este artículo se escribió con la colaboración de Sylvia González Navarrete, Máster en psicología industrial y experta en temas de Capital Humano.

Inicie con el pie derecho su primer trabajo (1)

Que los demás vean que usted trabaja con mucha pasión y compromiso.

Estas son algunas ideas para cuando usted llegue al primer trabajo.

- Complete con tiempo todos los requisitos de ingreso: esto demuestra interés y compromiso.

- Sea muy puntual: en Latinoamérica somos muy dados a ser impuntuales, pero en el mundo empresarial la puntualidad es fundamental; habla mucho de quién es usted y su nivel de responsabilidad y formalidad.

- Pregunte antes de ingresar a trabajar, cuál es el protocolo de vestimenta y trate de no desentonar. En este sentido, entre más desapercibido pase, es mejor.

- Observe y analice su entorno: cómo se comunica la gente, cómo son las relaciones.

- Utilice un lenguaje adecuado.

- Acepte que al salir de la universidad se sabe poco del mundo empresarial: el contraste entre la teoría y la práctica es grande. Usted en 4 o 6 años de universidad aprendió un poquito de muchas cosas y no sabe nada del negocio mismo en el que está ahora. Le tocará aprender mucho de la empresa, el mercado, los clientes y muchas otras cosas más para ponerse a tono en el negocio.

- No sea arrogante: la humildad es una excelente amiga. Tenga disposición para aprender. Reconozca que no sabe de algún tema o que tiene limitación para alguna tarea; sea sincero y transparente. Normalmente se es mucho más tolerante con el que viene saliendo de la universidad, sobre todo cuando es sincero y pide ayuda.

Tenga claridad de lo que se espera de usted.

Defienda su posición: si usted trabajó duro por algo, sea vehemente al exponerlo o defenderlo. Que los demás vean que usted trabaja con mucha pasión y compromiso.

Si se equivocó, acéptelo: no defienda lo indefendible.

No se estrese tanto: controle sus emociones, preocúpese menos y ocúpese más.

Usted debe pagar un "derecho de piso": hay que empezar de abajo. He visto a muchos estudiantes que salen de la universidad casi exigiendo que los contraten como gerentes y en la realidad las cosas no son así. Debe ir logrando pequeñas victorias para que logre aspirar a un puesto mayor, con un salario mucho mejor. Muy probablemente tenga que hacer procesos operativos, pero por algún lugar se empieza. Gánese el respeto de los demás.

Inicie con el pie derecho su primer trabajo (2)[3]

No deje que la ortografía y la gramática le quiten credibilidad a sus entregables.

- Valore la experiencia (y no sólo los títulos) de sus compañeros de trabajo; todos tienen algo que enseñar.

- Tómese su tiempo antes de sugerir un cambio.

- Procure trasmitir sus ideas con claridad, en especial lo que crea que está mal. Deje claro que las cosas no son personales.

- No sobreestime sus habilidades y establezca metas de entrega realistas pero retadoras.

- Revise muy bien su trabajo antes de entregarlo. Pregúntese si lo que está entregando es lo mejor que puede dar. No deje que la ortografía y la gramática le quiten credibilidad a sus entregables.

- Manténgase al día. Desarrolle el hábito de la lectura y revise los periódicos a diario. Es terrible toparse con una persona en el área de negocios que no sabe lo que está pasando en el contexto nacional y mundial.

- Respete las jerarquías. Procure resolver los asuntos con su jefe directo; si usted tiene la costumbre de brincarlo, esto va a generar malestar en su superior.

- Solicite retroalimentación sobre su trabajo.

- No se desmotive ante una negativa o una retroalimentación desfavorable, esto es parte del aprendizaje.

- No se aísle y participe.

- Mantenga siempre sus relaciones laborales a un nivel profesional.

- Administre su carrera, visualice dónde quiere estar, trácese un camino y tome acciones para llegar ahí.

Quisiera dejarle más ideas que le garanticen un éxito laboral, pero no tengo la fórmula mágica; sin embargo, espero que en conjunto todo el libro le ayude a lograrlo.

[3] Este artículo se escribió con la colaboración de Sylvia González Navarrete, Máster en Psicología Industrial y experta en temas de Capital Humano.

Cambie de chip

Debe demostrar que es bueno, que la contratación valió la pena.

Tengo como práctica usual darle la posibilidad a estudiantes de la universidad de hacer sus proyectos de graduación en mi empresa. Algunas veces no hay tantas empresas como estudiantes para hacer el trabajo, además, terminados los proyectos, a la empresa le queda un producto que necesitaba, el estudiante logra cumplir con su requisito para terminar la universidad y yo analizo candidatos para dejarlos trabajando conmigo.

El proceso de adaptación de algunos estudiantes no es sencillo, se les olvida hacer un "cambio de chip". Les cuesta entender que ya no están en la universidad. El trabajo es distinto, hay que tomarlo con otra filosofía de vida.

Recuerdo que uno de ellos, que hacía una investigación de mercado, me dijo un día a las tres de la tarde: "profesor, es que quería ver si me puedo ir, pues ya hice las llamadas de hoy".

Hay reglas que cumplir, como horarios, protocolos de vestimenta, vocabulario. A algunos estudiantes les cuesta hacer el cambio.

En la universidad normalmente se escoge con quién trabajar. En las organizaciones la gente está ahí y a usted le toca trabajar con ellos. Salvo que usted sea el jefe, no hay forma de escoger con quién trabajar.

Hay que entender cómo se comporta la gente en la empresa, cómo es el ambiente laboral y tratar de adaptarse rápido.

No se le olvide que el nuevo, y más si es novato, debe pagar un "derecho de piso", es decir, debe demostrar que es bueno, que la contratación valió la pena y que, gracias a toda su formación universitaria, va a realizar aportes a la organización.

Si terminó sus tareas asignadas antes de tiempo, pregunte en qué más puede ayudar. A los jefes les molesta mucho ver a la gente perdiendo el tiempo. La proactividad marca la diferencia.

Me encanta darle la oportunidad a muchachos(as) nuevos(as), pero cada quien debe ganarse el puesto.

Cuando llegue a su primer trabajo, tenga presente que no es la universidad, cambie su chip a modo "trabajo", porque si no lo hace pronto, esto le podría costar varios empleos y una mala reputación.

Entender la dinámica política

en las organizaciones grandes

Leer entre líneas se vuelve un ejercicio clave.

Cada organización tiene su propio estilo de operación, su propia cultura organizacional y accionar político. Este manejo político es más complejo entre más grande sea la empresa, por esto hay que hacer un claro análisis y tratar de desempeñarse lo mejor posible.

Le recomiendo algunos puntos para mejorar ese desempeño:

- Identifique quiénes son los líderes formales y también los informales. Estos últimos generan mucha influencia, debemos tener claro qué es lo que buscan.

- Establezca cómo funcionan las relaciones de poder en la organización. Establecer los grupos de poder y sus intereses se vuelve una tarea fundamental. Cada quien busca algo.

- Investigue acerca de lo que genera conflicto entre estos grupos.

- Comprender cómo se comporta la gente es importante; por qué hacen lo que hacen.

- El leer entre líneas se vuelve un ejercicio clave en cada conversación. Muchas veces las personas están diciendo algo pero en realidad quieren decir otra cosa.

- Otras veces se dan situaciones detrás del telón. Si usted no comprende a qué se refieren o lo que buscan algunas personas, tampoco entenderá qué es lo que está pasando. Busque esa información, entiéndala y establezca su posición y cómo esto le afectará.

Cuando usted tenga estos elementos claros, se podrá mover mejor en una empresa muy politizada. Hay quienes lo hacen de forma natural y les va muy bien; a otros les cuesta más entender, son más ingenuos y muchas veces la misma organización los expulsa.

Una vez, uno de mis asistentes renunció y me comentó que iba a una de las empresas más grandes y renombradas del país. Yo le hice ver que iba a una organización mucho más grande que la nuestra y que debía entender todo este manejo político; que en mi empresa es mucho menor. Varios meses después hablamos y me dio las gracias por la conversación que habíamos tenido, me dijo que en efecto el tema político era muy complejo y no le había sido fácil entenderlo; pero que como lo habíamos hablado, lo llevaba muy presente.

Defina muy bien lo que usted quiere y a dónde quiere llegar, y luego tenga claro quién le puede ayudar y con quienes va a tener problema en su ruta; esto le va a ayudar a moverse y a lograr el objetivo. Hay que entender cómo se comporta la gente en la empresa, cómo es el ambiente laboral y tratar de adaptarse rápido.

A los que no se la creen, a los inseguros

En estas condiciones, el principal enemigo que tenemos somos nosotros mismos.

Durante mis años como gerente, me he topado con muchos tipos de personas. En este texto quiero escribirles a los inseguros, a los que no se la creen.

Hay personas que no dan la talla por incapacidad académica o profesional, pero otros fallan por incapacidad personal; tienen todas las condiciones para hacer bien su trabajo pero no se tienen confianza, no están seguros de sus habilidades y típicamente se sabotean ellos mismos.

Algunos consejos para ellos:

- Tenga confianza en lo que hace. Si usted no cree en lo que hace, ¿quién lo va a hacer?

- Cuando no pueda con algo o no sepa, pida ayuda. Eso sí, aprenda a hacer las cosas, no se puede llamar a los demás para que le digan una y otra vez lo mismo.

- Tenga un cuaderno para apuntar las instrucciones, procedimientos, pasos a seguir y demás detalles de su trabajo. Esto le garantizará poder repasar o volver a ejecutar lo que ya le explicaron. Con esto no se le olvidarán las cosas.

- Cuando el jefe solicite hablar con usted, lleve el cuaderno y apunte lo que le van a solicitar.

- Estudie más, infórmese, destáquese sobre los demás. Por lo general, tener dominio del tema, gracias a la preparación previa, le permitirá desempeñarse mejor.

- Recuerde que la constancia, la dedicación, el interés y la pasión son elementos que dependen de usted y son clave para lograr lo que se propone.

- Controle sus emociones y su carácter. Si se enoja, pierde. Si tiende a la pasividad o complaciente se van a aprovechar de usted. Dese a valer.

- Desarrolle la capacidad de análisis y autoevaluación. Usted debe ser capaz de reflexionar qué pasó, qué está pasando y qué va a pasar, y actuar en consecuencia.

- Venza el miedo a preguntar. No hay preguntas tontas, hay tontos que no preguntan. Si no quiere hacer la pregunta delante de un grupo, busque aparte a la persona encargada y hágale la consulta, no se quede con la duda.

- Dicen que al que a buen árbol se arrima, buena sombra le cae encima. Si en la empresa hay alguien paciente, gentil y competente que le pueda servir de modelo y guía, aprovéchelo y procure crecer con esa persona.

- Si su problema es mucho mayor, busque ayuda psicológica. Muchas veces lo que uno tiene es un bloqueo o una situación que, con unas cuantas sesiones de psicoterapia, se aprende a manejar y se supera.

En estas condiciones el principal enemigo que tenemos somos nosotros mismos.

Realice actividades extracurriculares

Tenemos 40 o 50 años por delante para trabajar.

Cuando estamos en la universidad hay una gran preocupación por aprender, por pasar todas las materias y graduarse.

Pero lastimosamente no nos preocupamos por desarrollar habilidades y destrezas que no son directamente temas de cada carrera, sino que son fundamentales en todas las profesiones, y básicas para el buen desempeño profesional y empresarial.

Me refiero a las llamadas habilidades blandas: liderazgo, trabajo en equipo, negociación, comunicación (oratoria, lectura y ejecución del lenguaje corporal, comunicación asertiva), inteligencia emocional, relaciones interpersonales y manejo del estrés, entre muchos otros temas.

El manejo correcto de estas habilidades va a facilitar un desempeño futuro, pero generalmente no son tratadas por muchas universidades, así que es deber de cada uno de nosotros desarrollar estas destrezas y convertirnos en expertos.

La participación en actividades extracurriculares es muy valiosa. Muchos estudiantes las evitan porque les hacen "perder tiempo", pues hay una gran desesperación en algunos por tener su título lo antes posible y salen bien en las habilidades duras pero descuidan las suaves. Los estadounidenses valoran mucho esto, saben que formar integralmente a la persona la expone a experiencias que no se viven en el salón de clases, gracias a las cuales desarrollan estas habilidades.

Por ejemplo, un egresado joven me decía que él se metió en política estudiantil. Comentaba que al inicio era bastante tímido, pero que tuvo que volverse más extrovertido; se vio envuelto en varias negociaciones, tuvo que hablar en público, debatir en el consejo de su escuela y vincularse con gente desconocida. Conociendo su excelente desempeño, proactividad, comunicación y facilidad para vincularse con el cliente, no me podría imaginar que fuera un tipo tímido.

Tuve una estudiante que bailaba con el grupo de la universidad. Esto no solo la ayudó a pagarse los estudios, pues estaba becada, sino que creció en disciplina, liderazgo, trabajo en equipo y expresión corporal, también le facilitó enfrentarse a grandes públicos, y quitarse el pánico escénico, y viajó por América y Europa haciendo presentaciones.

Otros que han estado en equipos deportivos o practican un deporte individual han crecido en disciplina, esfuerzo, dedicación, administración del tiempo, han conocido lugares, se han expuesto al estrés de una final, conocen personas, son proactivos y trabajan en equipo.

Muchas veces se evitan estas actividades porque nos hacen bajar un poco las notas. A mí me pasó en el colegio; por participar en la selección de baloncesto del colegio bajé un poco las calificaciones y de inmediato pensé en dejar el equipo. Se lo comenté a mi papá y me dijo que lo pensara bien, pues lo que iba a aprender en el equipo no me lo enseñarían en el colegio.

Otra posibilidad son organizaciones sin fines de lucro, ya sea dentro o fuera de la universidad, como clubes de teatro, grupos musicales o coros, entre otros.

Cuando salimos de la universidad, nos toca asumir la vida de adulto y ya no se pueden vivir estas cosas.

Además, tenemos 40 o 50 años por delante para trabajar; atrasarse un poquito por estar vinculado en todas estas actividades, de pronto no va a ser desplome en la vida, sobre todo pensando lo que nos hace crecer en todas las habilidades suaves.

Hay que sacarle el jugo a la vida universitaria.

Desarrolle una metodología de trabajo

El desorden refleja una cabeza desorganizada y podría atentar contra los resultados.

Uno de los grandes retos de pasar de la universidad al mundo laboral es poder establecer un método de trabajo. Es dejar atrás que el profesor le diga a uno qué es lo que tiene que hacer y cuáles trabajos se deben entregar, y pasar a autogestionarse y lograr resultados.

En una ocasión contraté a un estudiante que había hecho la práctica de graduación en mi empresa. Una persona con gran actitud pero sin metodología de trabajo.

Un día que me acerqué a su escritorio, vi como anotaba los trámites que tenía que hacer en papelitos, luego vi los papelitos en el suelo y por último tuve que despedirlo porque perdía los trámites y los clientes estaban insatisfechos.

La persona que llegó en su lugar montó formularios, los numeró, creó archivos en Excel, se acostumbró a archivar los procedimientos y formalizó el archivador, entre muchas otras mejoras.

Los que somos muy desordenados justificamos esa conducta diciendo que sabemos dónde está todo en nuestro desorden y si nos lo mueven u ordenan perdemos "nuestro orden".

Al cabo del tiempo he aprendido que desorden es sinónimo de improductividad, desorganización y caos.

A mí me encanta ver a la gente ordenada, tienden a ser muy eficientes, tienen su operación bajo control y no pierden tiempo buscando, pues saben dónde está cada cosa.

Los japoneses, con todo su avance tecnológico y gerencial, siguen utilizando la metodología de las 5 S (en japonés: *Seiri, Seiton, Seiso, Seiketsu y Shitsuke*; en español: Clasificación, Orden, Limpieza, Estandarización, Mantener la disciplina), han entendido que el orden es la base de la productividad y la calidad.

Cuando contrato un profesional que antes estudió secretariado, veo la gran diferencia: se desempeña con mucho orden y formalidad. Procure aprender las buenas prácticas de la gente que se desempeña tan bien. Algunas que yo he aprendido son:

• Ubique cada cosa en su lugar.

• Deje su escritorio acomodado y limpio al irse.

• Organice su archivador y sáquele provecho.

• Tenga un cuaderno donde apunta todas sus cosas de tal forma que, cuando las busque, todas estén ahí.

• Cuando su jefe lo llame, lleve bolígrafo y su cuaderno de apuntes.

Estos son algunos de muchos consejos, lo importante es que usted se destaque por su organización y calidad de trabajo. El desorden refleja una cabeza desorganizada y podría atentar en contra de los resultados.

Los idiomas son clave

para el desarrollo profesional

El dominio de otros idiomas genera una ventaja sustancial sobre los demás.

En tiempos de la universidad tenía un compañero, Jorge Ramírez, que siempre llevaba unos cuantos cursos de carrera y otros que no lo eran, en especial de idiomas. Lo vimos matricular italiano, francés, japonés y hasta nuestra lengua autóctona, el bribrí. En son de broma, él decía que si terminaba rápido la carrera los papás lo pondrían a trabajar.

En algún momento, Jorge terminó de estudiar y cuando nos dimos cuenta, trabajaba en Inglaterra para una transnacional, dirigiendo operaciones para Europa del Este. Sus dos carreras, su buen inglés y el dominio de otras lenguas le permitieron ocupar el trabajo de un europeo típico que habla varios idiomas.

Con el tiempo entendimos que el dominio de otros idiomas genera una ventaja sustancial sobre los demás. Muchas veces he visto personas que hacen carrera en un gremio, sin ser universitarios, con solo hablar otras lenguas.

Esto además les permite conseguir trabajos mejor remunerados y les da más posibilidades de internacionalización.

A todo esto se suma la facilidad de consulta de información, textos, revistas, etc., en idiomas distintos al nuestro.

Estudiar un idioma es conocer otra cultura, su gente, costumbres, gastronomía y geografía; es una forma muy integral de crecer y ser más educado.

Cuando se viaja, también es muy conveniente, pues da mucha seguridad y tranquilidad para ir afrontando aeropuertos, aduanas, restaurantes y demás situaciones. Además, es muy grato saber que se depende de uno y no de otras personas para desenvolverse.

Todo esto sin contar el beneficio para la memoria a largo plazo: hablar otro idioma es un excelente ejercicio para el cerebro pues tiene que hacer el cambio constante de un idioma al otro.

Con todo esto, valore cómo está usted en este aspecto y, si puede, agréguelo a su plan de vuelo para poder hablar en un futuro próximo en lenguas diferentes a la suya.

Por otro lado, si ya lo hace, trate de practicar, ya sea estudiando, escuchando música o viendo televisión por cable; pero trate de estar expuesto y practicarlo, sobre todo quienes trabajan en empresas donde no se usa otro idioma a diario.

¿Cuál será su estrategia

para mantenerse actualizado?

Trate de compartir con gente variada y aprenderá de muchos otros temas.

La formación que se recibe en la universidad, en el mejor de los casos, es buena, actualizada y valiosa para un momento histórico. No hay garantía de que, con lo que usted aprendió, sea suficiente para el resto de la vida.

Aquí surge la pregunta: ¿Cuál será su estrategia para mantenerse actualizado?

Es fundamental seguir creciendo y desarrollando sus conocimientos y habilidades, pues, si no lo hace, se expone a quedarse desactualizado y el mercado lo sacará, o se detendrá su carrera profesional por falta de competitividad.

- Mi primera recomendación es la lectura. No requiere de mayor inversión y hay muchas posibilidades como revistas, libros, libros electrónicos, páginas web y blogs especializados en Internet.

- Los seminarios bien escogidos son una excelente posibilidad. Esto tiene un costo mayor al de la lectura, pero dentro de sus beneficios está el conocimiento de primera mano, es decir, el poder discutir con el experto y generar información en dos vías es excelente. Se genera un buen proceso de *networking* y usted puede engrosar su currículum al agregar un título o certificado.

- Los talleres tienen las ventajas del seminario, pero además se aprende haciendo. El taller busca que las personas hagan, que construyan conocimiento.

- Los videos en Internet. Se habla de que el futuro de las búsquedas está en plataformas como youtube.com, pues no solo nos da información, sino que podemos ver cómo hacen las cosas los otros. Se ha convertido en una gigantesca plataforma para enseñar y aprender.

- Conversar con expertos podría ahorrar mucho tiempo, pues preguntarle a la persona correcta es un método muy eficiente y eficaz de actualizarse.

- Si usted logra conseguir un buen mentor, le podría beneficiar mucho en su carrera. Esto por cuanto tener a alguien experto guiándolo es de mucho valor.

- Los viajes son geniales para crecer, conocer y ver cómo se hacen las cosas en otros lugares.

Una recomendación importante es que evite la endogamia profesional. Hay personas que solo se vinculan con profesionales de su mismo gremio, esto hace que la variedad de tópicos, información y discusiones giren alrededor de las mismas temáticas. Trate de compartir con gente variada y aprenderá de muchos otros temas.

Piense en su futuro, no se estanque; busque siempre crecer y estar actualizado, esto es clave para su desarrollo personal.

Cerebros de oro versus traseros de hierro

¡No afloje, siga adelante!

Mi profesor de matemáticas en el colegio, don Víctor Buján, tenía un dicho que me ha acompañado toda la vida. Él decía: "Yo prefiero los estudiantes con trasero de hierro que con cerebro de oro".

Básicamente, lo que quería decir era que el estudiante que era capaz de sentarse a estudiar, a hacer prácticas, que le dedicaba tiempo suficiente a cada materia, tenía mucha más probabilidad de éxito que los que eran brillantes pero no estudiaban.

Recuerdo que una vez salimos de una prueba de ecuaciones diferenciales en la universidad y comenté el examen con un compañero, el más brillante y destacado en matemáticas. Yo le decía que el examen había estado muy difícil, pero que por dicha lo había podido hacer usando todo el tiempo. Él decía que había tenido que usar todo el tiempo porque tuvo que demostrar un teorema para poder resolver el problema del examen. Yo le pregunté que para qué lo había demostrado, si el teorema en mención efectivamente existía, lo habíamos visto en clase y además estaba en el libro. A lo que me comentó que no lo sabía, porque no había ido a la clase ni había estudiado.

Su brillantez le permitió resolver el examen, pero ¿qué habría pasado si hubiera estudiado?

En la vida, la perseverancia es un elemento fundamental para el éxito. Eso que decía don Víctor, de trabajar y hacerlo una y otra vez hasta que domináramos el problema, es básico.

Bien decía Thomas Alva Edison, refiriéndose a los intentos para hacer la bombilla incandescente, que con cada intento no tenía un fracaso sino una forma en la que no funcionaba su bombilla. Realizó más de diez mil intentos antes de lograr que su gran invento funcionara.

Siga el plan trazado sin desviarse. Algunas veces los estudiantes se me acercan y me comentan que están afligidos por no terminar la universidad. Yo les digo que si hay constancia se va a lograr, que lo único que se necesita es matricular cada semestre, al menos una materia, y ganar cada materia matriculada.

Me parece que si la persona es brillante y además es perseverante, tiene la fórmula ganadora. Pero si no hay genialidad, tengo muy claro que con trabajo duro e inteligente, constancia y dedicación se logran grandes cosas.

Si tiene claro que va por la vía correcta, siga adelante. En el camino se encontrará a muchos que le gritarán que deje todo botado y unos cuantos que le hablarán al oído para que continúe. ¡No afloje, siga adelante!

No se deje impresionar

Nos dimos cuenta de que no era quien aparentaba ser.

La publicidad, el mercadeo, la literatura y hasta el cine nos han vendido la idea de que "éxito" es tener muchas cosas o tener mucho dinero.

Esto hace que algunas personas se muestren deslumbrantes, muy elegantes, con carros lujosos o muy grandes; algunas veces haciendo alarde de sus posesiones, fincas, terrenos y otros símbolos de poder.

Muchas veces "mordemos el anzuelo" y nos dejamos impresionar. Aquí hay que separar a quienes realmente tienen y ese es su nivel, de quienes tratan de aparentar.

Con estos últimos hay que tener algunas consideraciones. Lea entre líneas, ¿por qué tratan de hacernos creer algo que no son? ¿Nos quieren hacer algún daño? ¿Serán personas inseguras que se esconden en símbolos, para ocultar lo que son en realidad?

En una ocasión trabajé con un compañero, que al inicio nos dejó gratamente impresionados. Era muy seguro de sí mismo, muy elocuente, manejaba un carro enorme, tenía motos y cuadraciclos, hablaba de su finca y muchas otras cosas más. Al cabo de un tiempo nos dimos cuenta de que no era quien aparentaba ser, sino que "nadaba" en deudas.

La decepción fue muy grande, nos habíamos comprado una imagen que resultó ser falsa. En esa ocasión, su fachada era por pura inseguridad.

Desconfíe y tenga cuidado, pues depositar nuestra confianza en alguien que dice ser una cosa y no lo es, puede resultar muy peligroso.

Etiqueta y protocolo

Dispóngase a probar nuevos platillos [4]

Usted crecerá culturalmente y será una persona más integral.

En el mundo empresarial se aprovechan mucho los almuerzos. Es muy normal que una reunión urgente o con alguien muy ocupado se haga a esa hora, pues todos tenemos que comer y los ejecutivos agradecen una buena invitación. Incluso los desayunos de negocios se están volviendo populares.

En ocasiones, observé en la empresa que algunos de los muchachos se resistían a comer platillos variados, sobre todo cuando tenían especias como ajo, cebolla o chiles y otros más, que en mi país llamamos "olores".

En varios desayunos en la oficina vi que preferían no comer y quedarse con hambre, antes que comer comida con olores. Puede que hayan sido casos aislados y no una tendencia en las nuevas generaciones, pero no me imagino a un ejecutivo joven preguntándole al mesero si este o aquel platillo tiene cebolla, chile dulce o ajo, o si le podría decir al chef que le quite todas las especias... ¿Qué podría pensar su contraparte?

Este entrenamiento culinario debió haber iniciado en su casa desde la infancia, pero si no fue así, puede hacerlo como una tarea o proyecto. Acostúmbrese a probar condimentos, a comer platillos nuevos y reentrene su paladar.

Lea sobre comidas, investigue, comente y pruébelas. Inicie en su casa probando poco a poco nuevas comidas. Al inicio va a costar mucho, pues la costumbre nos mata, pero se debe luchar contra ella.

Le recomiendo visitar restaurantes de países diversos: italianos, mexicanos, japoneses, chinos, españoles, de la India (estos últimos se caracterizan por ser platos muy condimentados), por citar algunos. Procure comer variado, pídale al mesero que le recomiende opciones para que usted pruebe algo nuevo y, además, que le comente cómo se prepara y cuáles acompañamientos trae. Si puede, pida hablar con el chef. Procure ir con amigos a quienes les guste esa comida y le puedan recomendar platos y explicar su composición.

Cuando viaje, coma los platillos típicos. Una vez en Colombia, le sugerí a un compañero que se comiera un ajiaco y me dijo que mejor no, que mejor se comía un pollo frito. Estas oportunidades son de oro; cuando viaje, pruebe la gastronomía local.

Todo esto no solo le ayudará en el mundo empresarial, sino que usted crecerá culturalmente y será una persona más integral. Además, esto le permitirá alcanzar grandes satisfacciones.

⁴ Este artículo se escribió con la colaboración de mi esposa Wendy Picado Monge, Chef Profesional.

Etiqueta en la mesa (1)

El celular no es un instrumento para comer; guárdelo.

Los almuerzos, cenas y hasta los desayunos se han vuelto muy comunes en el ámbito empresarial, por lo que comportarse adecuadamente en la mesa es importante.

En esto, como en muchas otras actividades, el éxito está en pasar desapercibido, por lo que hay que aprender algunas cosas importantes.

En cuanto a la posición, manténgase erguido; ni recostado a la mesa ni a la silla. Procure distanciarse dos dedos entre su cuerpo y la mesa. Mantenga una pose natural.

No ponga los codos sobre la mesa, puede apoyar el antebrazo más o menos a una mano de distancia de la muñeca.

El celular no es un instrumento para comer; guárdelo. Póngalo en modo silencio. Salvo que sea urgente, téngalo a la mano.

La servilleta de tela es un elemento de higiene, manipúlela lo mínimo. Las mujeres deben ponerla sobre el muslo en las dos piernas y es necesario que eviten manchar la servilleta con el labial, pues es de muy mal gusto. Para estos eventos tan formales, use lápiz de labios de tonos bajos o no se limpie directamente los labios sino alrededor de la boca. También es importante que procuren tener las piernas juntas. Por su parte, los hombres deben poner la servilleta sobre uno de sus muslos.

En las comidas formales o de gala, habrá gran cantidad de cubiertos, platos, copas y demás utensilios en la mesa para atender la comida; no se deje intimidar. Usualmente se pone en la mesa lo que se va a utilizar. Los cubiertos se usan de afuera para adentro y usualmente van de menor a mayor en tamaño. Los tenedores se ubicarán a la izquierda, los cuchillos y cucharas a la derecha del plato. Por lo general, van emparejados en tamaños similares. Para comer los primeros platos, sean sopas, cremas o ensaladas, se usarán las cucharas, tenedor y cuchillo que están más retirados del plato y no serán los más grandes. Los cubiertos de la comida principal estarán junto al plato. Al frente del plato estará la cuchara, el tenedor o cuchillo para el postre, que son pequeños.

Tenga cuidado con el plato del pan pues se coloca a la izquierda y no a la derecha. Es muy usual que las personas se equivoquen y roben el pan del vecino. Cuando le pongan el pan en el platito, lo que debe hacer es partir con los dedos lo que se va a comer, un pedazo pequeño, y el resto lo deja en el plato.

Si se retira de la mesa hágalo por el lado izquierdo, pues el mesero sirve por el lado derecho y esto puede evitar un accidente.

Etiqueta en la mesa (2)

El éxito está en pasar desapercibido.

Si hay un menú seleccionado no se preocupe, todo va llegando a su tiempo. Si tiene que pedir su propia comida tome en cuenta lo siguiente:

- No pida ni el plato más caro ni el más barato. El primero lo hará ver como un desconsiderado, el segundo como alguien con poca autoestima.

- Pida algo sencillo de comer. Por ejemplo, es más fácil comer pasta corta que larga, o una pechuga de pollo deshuesada que unas alitas de pollo.

- No es este un buen momento para experimentar pidiendo comidas que usted no conoce; procure pedir algo que usted sepa que le gusta. Sería decepcionante que usted no se coma lo que pidió. Ahora bien, si el restaurante es extranjero y usted no conoce nada, pídale al mesero que le recomiende algunas opciones y usted decidirá la que más le guste.

Cuando vaya terminando cada plato, ponga cada juego de tenedor y cuchillo sobre el plato, el tenedor hacia abajo. Imagine que el plato es un reloj y usted pone ambos cubiertos como si fueran las manecillas del reloj apuntando a las 4 o 5. No los ponga otra vez en el mantel (lo va a ensuciar) o debajo del plato. Cuando se lleven el plato para traer el siguiente, se llevarán sus cubiertos.

Sobre las copas:

- Las que tienen tallo largo es para que las tome de ahí, no las tome de la parte superior o cáliz, pues va a calentar el líquido y es incorrecto.

- Si la copa es de cuello corto, es porque se debe tomar del cáliz y la idea es que caliente el líquido, evapore un poco el alcohol y se pueda saborear más.

- Si se topa una copa de tallo largo y de cáliz largo, probablemente sea para un vino espumante que se usará para algún tipo de brindis.

Sobre el vino:

- Si usted no conoce de vinos, deje que otro elija o pida un vino de la casa.

- No se recomienda tomar vino blanco después de haber probado el tinto.

Al comer, no haga ruido con los cubiertos y el plato, y tampoco haga sonar cuando tome sopa. Acerque la cuchara o tenedor a su boca y no la boca al plato. Si de casualidad tiene que retirar de la boca un pequeño hueso o algo que le parece extraño, hágalo como lo llevó a la boca: si fue con la cuchara, con la cuchara o si fue con el tenedor con el tenedor, y lo pone luego en una esquina del plato.

Estas son algunas recomendaciones básicas de etiqueta en la mesa, observe cómo lo hacen los que saben y aprenda. Cómo dije, el éxito está en pasar desapercibido.

De traje y corbata (1)

Es muy común que uno salga de la universidad, llegue al primer trabajo y no sepa cómo vestir.

Recuerdo que después de mi paso por la facultad de agronomía de la Universidad de Costa Rica, lo único que tenía era pantalones de mezclilla, camisas de punto de algodón con cuello redondo (todas con motivos de la escuela o la facultad) y botas. No tenía ropa adecuada para ir a trabajar.

Mi padre me llevó a una tienda de ropa de hombre y le pidió al dueño que me vistiera y me vendiera dos trajes. Durante muchos años me asesoré y compré ahí. Creo que es bueno buscar asesoría al respecto.

Es vital analizar el protocolo de vestimenta de cada empresa; hay unas más formales que otras y debemos vestir de acuerdo con esto. Sin embargo, cuando no se conoce, yo prefiero pasar por formal y, si es del caso, quitarme la corbata, antes que pasar por informal.

Si bien es cierto no en todos los lugares se trabaja con saco y corbata, quiero hacer algunas recomendaciones sobre estas prendas con el propósito de que pueda vestir cómoda y adecuadamente.

1. La ropa debe estar bien limpia y planchada. Los sacos y pantalones del vestido entero deberían llevarse a la lavandería, pues ellos son los expertos. Los conocedores sostienen que el puño blanco e inmaculado de la camisa indica limpieza, pulcritud y un cierto estatus social.

2. Se recomienda no usar el color café en el traje. Además, la vestimenta para la noche debe ser traje oscuro.

3. Evite los sacos anchos y con hombreras. El largo del saco se mide poniéndose de pie, y debe llegar hasta donde llegan los dedos pulgares de la mano, con los brazos a ambos lados del cuerpo.

4. No use un saco de un conjunto con el pantalón de otro. El vestido entero se usa completo y del mismo juego.

5. Los botones del saco no se abotonan todos. Lo usual es abotonar el de arriba. Se recomienda saco de dos o tres botones.

De traje y corbata (2) [5]

No llame la atención por la falta de gusto o de coherencia al vestir.

6. Pida ayuda de alguien sensible al comprar corbata, pues es complejo. Yo procuro comprar dos corbatas por cada traje que compro. Evite colores estridentes, con dibujos o diseños escandalosos. Con respecto al largo, la corbata debe quedar un centímetro por encima del pantalón o la faja. Aprenda a hacer el nudo. Es de mal gusto ver a un hombre que usa corbata buscando quién se lo haga.

7. El pantalón debe tener un largo correcto. Cuando vaya a comprar pantalones o trajes, lleve los zapatos con los que vestirá y trate de comprar en lugares donde hagan el ruedo del pantalón. El largo no debe llegar a la parte inferior del tacón y no debe arrugarse al frente, muchas veces es prudente que adelante sea un poco más corto que atrás.

8. La camisa debe calzar como un guante. El botón superior debe cerrar sin presionar el cuello. Yo usualmente procuro que me sobre el equivalente a dos dedos. A las personas muy altas, muy bajas u obesas les cuesta mucho que la camisa les talle bien. Para ellos, lo ideal es que se hagan las camisas a la medida. No utilice telas traslúcidas.

9. Por ningún motivo use manga corta.

10. Con el largo de las mangas, lo correcto es que el puño de la camisa se asome bajo el saco entre 0,5 y 1,5 centímetros.

11. Los calcetines deben ser muy conservadores, lo más similares posible al vestido entero. Con respecto al largo, deben tapar la piel cuando se cruce el pie al sentarse.

12. Los zapatos deben ser más oscuros que el traje y la faja del mismo color de los zapatos.

Es claro que esto de vestir es de modas, pero mi idea es que usted conozca lo más relevante a la hora de usar un vestido entero, sin llamar la atención por la falta de gusto o de coherencia.

[5] Basado en: http://www.nacion.com/ocio/revista-dominical/horrores-masculinos-vestir_0_1391460860.html

Y las jóvenes ejecutivas, ¿cómo deberían vestir? [6]

Compre prendas clásicas en lugar de las que están de moda y cambian con mucha rapidez.

Hay que observar muy bien a los demás en la empresa, pues debemos leer el entorno laboral para entender cómo se visten y emularlos.

Si el entorno es casual, como es la tendencia para muchas empresas, es probable que se permita el uso de jeans e incluso de camisetas, sin embargo, hay cosas que nunca van a estar acordes a un entorno laboral (por más casual que sea el código de vestimenta). Algunas de ellas son:

1. escotes demasiado pronunciados o enaguas muy cortas;

2. prendas que dejen ver la ropa interior;

3. sandalias de playa;

4. ropa rasgada (aunque esté de moda), manchada o desteñida;

5. blusas sin tirantes o de tirantes (a menos que se utilicen debajo de un saco o abrigo);

6. leggins o licras.

También tome en cuenta que se debe usar ropa de la talla correcta, ni muy grande y mucho menos más pequeña. La ropa demasiado estrecha no hace que la persona se vea más delgada sino que tiene el efecto contrario.

En entornos más formales, además, hay que recordar que durante el día no se utiliza ropa con lentejuelas, brillos, pedrería o exceso de telas satinadas.

Procure crear un guardarropa básico y deje lo innovador para ocasiones informales.

La ropa debe ser cómoda. Zapatos incómodos o la ropa demasiado apretada son distracciones que afectan la productividad. Además, pueden tener consecuencias en la salud (problemas circulatorios, caídas, deformaciones en los pies, problemas óseos, entre otros).

En cuanto a los accesorios, los que se usan durante el día deben ser discretos. Los muy grandes y vistosos se deben reservar para la noche.

Sobre el maquillaje, este debe ser discreto y natural. Los tonos oscuros de labiales y sombras se reservan para salidas nocturnas. Las sombras deben ser de tonos opacos, no brillantes.

Acerca del cabello, la clave es que nunca se vea descuidado o maltratado. Si está teñido, debe dársele el mantenimiento necesario al tinte. Igualmente el corte requiere mantenimiento, especialmente cuando el cabello se lleva corto.

Es importante recordar que la apariencia es nuestra primera carta de presentación y que tiene una gran influencia en la imagen que las personas se forman de nosotros. Incluso puede llegar a afectar el acceso a oportunidades de crecimiento dentro de una organización. Usted debe vestirse como lo que quiere llegar a ser.

[6] Este artículo se escribió con la colaboración de Sylvia González Navarrete, Máster en Psicología Industrial y experta en temas de Capital Humano.

Viajes al exterior

Los primeros viajes de negocios (Parte 1)

Tenga siempre el pasaporte al día.

Como parte normal del trabajo en muchas empresas, hay que salir de viaje y esto implica una disciplina importante. A continuación algunos consejos:

- Tenga siempre el pasaporte al día, recuerde que en muchos países no le permiten ingresar si el documento de viaje expira en los próximos seis meses. Además, si se presenta un viaje de negocios, se va a facilitar si usted tiene los documentos de viaje vigentes.

- Compre los tiquetes con tiempo, generalmente esto ayuda a conseguir mejores precios.

- Consulte si en el país de destino se necesita visa o vacunas. Si debe tramitar esto, hágalo con tiempo.

- Regístrese como viajero frecuente de la aerolínea; esto le ayudará a ganar millas, en algún momento podría viajar gratis, recibir ofertas u obtener algún descuento. Pero para mí lo más importante es que a la hora de hacer el pre-chequeo, o volver a viajar, ya la aerolínea tiene muchos de los datos personales y se facilita el proceso.

- El juego en los viajes de negocios es ganar tiempo. Procure el día antes hacer su registro de vuelo o pre-chequeo por Internet. Esto le va a facilitar escoger asientos, llevar los pases de abordaje listos y no tener que llegar tan temprano al aeropuerto. Además, le simplifica el registro en la aerolínea. Si puede escoja el asiento del pasillo, pues así se sale primero, puede ir al baño con facilidad y estirar las piernas. Otros viajeros prefieren la fila de salida de emergencia porque tiene más espacio entre asientos y esto ayuda a estirarse.

- Si el viaje es corto, procure viajar con una maleta de mano (consulte las medidas en la aerolínea previo al viaje), ya que con esta no va a perder tiempo en entregarla y luego retirarla para pasar aduanas.

- Monitoree el clima de su destino. Ya hay muchos sitios web o aplicaciones que le dan el clima en línea o el pronóstico. Esto le va indicar qué tipo de ropa llevar. Pregunte a su contraparte en el país de destino cómo es la vestimenta y con esta información tome la decisión de lo que va a llevar.

- En mi caso, si viajo a algún lugar en donde tengo que usar vestido entero, me llevo el saco puesto para que no se me arrugue en la maleta. Una amiga consultora me comentaba que ella, en viajes cortos, se llevaba un juego negro (saco y pantalón o enagua) y una blusa muy diferente, con su juego de aretes, para cada día y esto es suficiente para un viaje de pocos días.

- Si su viaje es un poco más largo, tome en cuenta llevar, además de la maleta, un maletín pequeño con usted, de los que puede llevar en la cabina. Ahí debe llevar cosas de primera necesidad: cepillo de dientes, pasta dental, desodorante, computadora, tableta, cámara y tarjetas de presentación, entre otras. Imagine que su maleta se extravía, pregúntese qué debe llevar ahí para sobrevivir o cumplir uno o dos días con sus responsabilidades. Incluya ropa interior y una muda de ropa.

Los primeros viajes de negocios (Parte 2)

La última noche puede ser que le organicen una despedida. Deje todo listo antes de salir.

- Consiga un estuche, billetera grande o similar para portar todos sus documentos de viaje. Lleve además un folder o sobre con la información de su hotel, evento o empresas a visitar, pues muchas veces se lo consultan en migración.

- Lleve sus equipos electrónicos bien cargados, así se podrá entretener en el aeropuerto.

- Las puertas de abordaje pueden cambiar. Monitoree constantemente las pantallas donde se indica el vuelo y la puerta. Confirme esta información en las pantallas que están en las propias puertas de abordaje.

- Tenga claro cuál es la moneda que se usa en el país de destino. No en todos los lugares los dólares o euros son recibidos con facilidad.

- Recuerde que las casas de cambio del aeropuerto son el peor lugar para cambiar divisas, pero si las va a utilizar, cambie un monto bajo para no perder mucho dinero con el tipo de cambio, sólo lo justo para salir del aeropuerto y lo que necesita por uno o dos días, mientras consigue un banco o una casa de cambio.

- Procure llevar billetes de baja denominación (menos de 20 dólares o euros), por si tiene que pagar una propina o taxi. Se acostumbra pagar $1 o $2 por cada maleta que le ayudan a llevar en el aeropuerto o en el hotel.

- Siempre hay gente amable con la que uno se topa. Ya sea el anfitrión, proveedor o un ángel que lo saca a uno de un apuro.

Para toda esta gente yo siempre llevo un souvenir de mi país. Si es alguien muy apreciado lleve algo lindo, y para estos otros que surgen espontáneamente, puede llevar un llavero, una artesanía, una camiseta o algo de su empresa u organización puede hacer que ese agradecimiento suyo quede materializado.

- Las tarjetas de crédito y débito internacional son una excelente alternativa para el viaje. Llevar solo efectivo es riesgoso. Repórtelas uno o dos días antes de viajar, indique para qué países va y cuánto tiempo. Esto por un tema de seguridad. Si pierde o le roban la tarjeta, deje en la oficina una copia de estas y el número a donde reportarlas, para que, en el caso de que suceda, ellos le ayuden con el trámite.

- Realice un control de los gastos, guarde facturas y apunte en algún sitio los pagos a taxis y buses, en donde no dan comprobantes.

Para el regreso a casa tome en cuenta estos otros consejos:

- Haga el "web check-in" 24 horas antes. Imprimir los pases de abordaje algunas veces se complica; ya muchas aerolíneas permiten llevarlos en el Smartphone y de ahí ellos lo leen.

- Conserve dinero para regresar, podría tener contratiempos. Llegue temprano.

- Consulte si tiene que pagar impuestos o hacer una exención de los mismos.

- Pese la maleta antes, no vaya a ser que por sobrepeso tenga que pagar una multa.

- La última noche puede ser que le organicen una despedida. Deje todo listo antes de salir, incluso la ropa que se va a poner, pues, si se alargara la actividad, ya tendría todo organizado en su hotel.

Recomendaciones para viajeros novatos:

Los tiquetes

Me encanta conversar con personas que han viajado a lugares a los que aspiro ir.

Siempre me ha gustado viajar, conocer y disfrutar de otras culturas. Esto me ha hecho ver el mundo de otra forma y, por supuesto, me ha permitido crecer. Además, me encanta conversar con personas que han viajado a lugares a los que aspiro ir. Para mí, una persona que ha viajado es más interesante que una que no lo ha hecho.

Este conjunto de artículos trata de compartir las experiencias buenas y malas que muchos hemos vivido, con el fin de que los nuevos viajeros, en especial mis estudiantes y otros muchos estudiantes de otras universidades, "experimenten por cabeza ajena".

- Como se dijo antes, cuando vaya a comprar su tiquete de viaje, procure comprarlo con tiempo. En ocasiones la diferencia en precio puede ser hasta de un 60% más por comprarlo a destiempo.

- También es bueno comparar precios con diversas empresas. No se extrañe que haya diferencias importantes entre ellas. Esas diferencias a veces son producto de las restricciones del tiquete. Entienda bien lo que está comprando.

- Tenga claro que hay algunos días de más demanda que otros. Si tiene flexibilidad de fechas, puede revisar el costo unos días antes o después de la fecha que le interesa. También hay horarios más caros que otros. Revíselo.

- Hacer escala hará que su viaje sea más barato. Una vez compré un tiquete de Colombia a Costa Rica, y el hecho de hacer escala en Panamá hizo que me costara $150 menos, la escala fue muy corta y el aeropuerto es muy entretenido; valió la pena.

- Por último, compre usted mismo el tiquete por Internet. Me gusta más usar el sitio web de la aerolínea, aunque algunas veces he conseguido mejores precios en otros sitios como expedia.com. Para ese viaje a Colombia, en mi oficina compraron directamente en la agencia de la aerolínea los boletos y por esa razón hicieron un cargo extra de $25 por viajero.

- Ya en el momento de comprar, tenga a mano su pasaporte pues hay algunos datos que solo ahí están.

- Recuerde que resulta útil registrarse como viajero frecuente de la aerolínea. Ser fiel a una línea aérea tiene sus ventajas, por un lado, le ayudará a ganar millas y en algún momento podría viajar gratis, con algún descuento o beneficio; por otro, que para mí es lo más importante, a la hora de hacer el pre-chequeo o volver a viajar, ya la aerolínea tiene muchos de los datos de uno y se facilita el proceso; por ejemplo, uno puede entrar al sistema y buscar sus asientos o hacer cambios.

- Otro punto que debe recordar es verificar si en el lugar al que viaja piden visa y, si no la tiene, tramitarla con tiempo. Además, verifique si se requiere de alguna vacuna. Si tiene que hacerlo, trate de colocársela con anterioridad, ya que le puede provocar breves resfriados o reacciones.

Conozca el lugar al que va y prepárese

La gastronomía es un componente clave de la cultura, no deje de vivir estas experiencias.

Cuando uno va a otro país, hay variables que se deben conocer y prever. La moneda, el tipo de cambio, el clima, el tipo de evento, la comida, las atracciones del lugar y muchas otras cosas requieren de cierta preparación para aprovechar el viaje y evitar contratiempos.

Uno de los temas relevantes es el clima, pues esto va a condicionar la ropa que se debe llevar y algunos aspectos logísticos.

Si lo van a recibir en el lugar, hable con sus contactos de cómo esperan el clima para los días de su viaje. También puede monitorear en Internet o en algún App el clima de la ciudad o el pronóstico del tiempo. Hay lugares en donde la variación diaria de temperatura es fuerte (poco común en el trópico), al medio día 30 o 35 grados centígrados, y de noche 10 o 15 grados centígrados.

Si usted va para un evento académico o laboral, pregunte el protocolo de vestimenta. Muchas veces se exige vestido entero o traje, y otras veces es menos formal. Si usted no viste acorde al evento podría pasar por mal preparado o mal vestido; entonces mejor averigüe bien y lleve ropa en consonancia.

Evidentemente, la Internet es clave para investigar más elementos del lugar, no solo el clima. Sitios web como tripadvisor.com podrían dar mucha información. Busque los lugares que no puede dejar de visitar de la ciudad.

Mi hermano usualmente lee por Internet el principal periódico de la ciudad a la que va. Cuando llega, está empapado del acontecer del lugar.

Mientras que, para ambientarse al lugar del viaje, mi colega Juan Carlos Leiva suele leer una novela que se desarrolla en el lugar que va a visitar.

Averigüe sobre las principales comidas. Uno de los elementos valiosos del viaje es comer los platos típicos: un mofongo en República Dominicana; un ajiaco en Colombia; *fish and chips* en Inglaterra o *macarons* en Francia. La gastronomía es un componente clave de la cultura, no deje de vivir estas experiencias.

Si a usted lo van a recoger al aeropuerto ¡genial!; si no, debe estudiar cómo salir de la forma más sencilla y económica. En algunos casos hay buses que salen del aeropuerto y lo llevan a la ciudad, como en Barajas, Madrid. En otros lugares el tren conecta con el metro y el metro a muchos lugares en la ciudad, como en el aeropuerto internacional de Charles de Gaulle en París.

En otros casos, los mismos hoteles tienen busetas (o *shuttle* en inglés) que, sin costo extra, le llevan y le traen al hotel, sobre todo los hoteles que están cerca del aeropuerto. Averigüe los horarios y los lugares donde se toma. La última opción es el taxi, por el costo que implica.

Prepare la maleta con tiempo

Todo cabe en una maleta bien hecha.

Suponiendo que ya se informó sobre los pormenores del lugar al que va y tiene claro el panorama, puede hacer la maleta.

Un amigo mío utiliza un método muy sencillo que me gusta mucho. Varios días antes de viajar (incluso semanas, si el viaje es largo) pone una caja grande en su cuarto y cada vez que se acuerda de algo que debe llevar al viaje lo pone en la caja: pastillas, cosas de cuidado personal u otros que siempre se le olvidan.

Sea práctico, trate de no llevar ropa de más, pues si realiza compras o le dan materiales, va a tener problemas de espacio.

Una amiga que viajaba a un entrenamiento por cuatro días a México, llevaba cuatro blusas para el día, cuatro pantalones, unas blusas más por si salían en la noche, cinco pares de zapatos, una pijama por día y la ropa interior. Para todo eso ocupaba una maleta grande. Después de dejar lo justo, pudo pasarlo a una maleta pequeña que podía llevar en la cabina del avión. Reutilice la ropa que lleva.

Averigüe bien cuántas maletas permite llevar su tiquete, junto con los tamaños y los pesos; esto le puede evitar un disgusto al tener que pagar sobrepeso o un extra por exceso de equipaje.

Procure que el tamaño de las maletas le permita a usted manejarlas. Si su equipaje es mucho y va a necesitar ayuda, lleve dinero para pagar las propinas, se acostumbra pagar $1 o $2 por maleta. Póngale nombre a la maleta. Use el aditamento que trae la maleta para este fin. Es conveniente ponerle un distintivo al equipaje: una cinta, una calcomanía o algo que la diferencie. ¡No se imagina cuantas maletas parecidas a la suya se va a encontrar en un aeropuerto!

El maletín de mano en un viaje es clave. Suponga que su maleta se la extravía la aerolínea o por alguna razón ajena usted pierde una conexión y debe quedarse en el aeropuerto: ¿qué cosas necesita usted para estar presentable o cómodo? La respuesta a esta pregunta es lo que debe poner en el maletín.

Cosas de primera necesidad, por ejemplo: lapicero, cepillo de dientes, pasta dental, desodorante y otros artículos de aseo personal, como toallas sanitarias o tampones, y maquillaje, en el caso de las mujeres. Además, una muda de ropa, ropa interior y cualquier otra cosa que crea necesaria. Agregue a esto su computadora, tableta o cámara.

Tenga cuidado con el tamaño del maletín, el tamaño máximo estándar es 55 x 40 x 20 centímetros y no más de 10 kilos, si el maletín es muy grande se lo van a mandar con el resto del equipaje.

Evite los recipientes grandes para el champú, perfume u otros en la maleta de mano, pues en muchos lugares los restringen y botan. Si debe llevarlos, procure que no sean de más de 100 ml.

Trate de acomodar todo muy bien, los viajeros expertos y las mujeres suelen ser muy buenos acomodando las cosas en la maleta. Si no tiene ninguno de los anteriores a mano, en Internet hay videos geniales. Todo cabe en una maleta bien hecha.

Puntos a recordar y preparativos finales

Las salas de abordaje y los aviones generalmente son muy fríos. Prepárese.

Consiga un accesorio para portar los documentos de viaje. Yo uso un porta pasaportes de cuero que es como una billetera larga (26 x 25 cm, que al cerrarla queda de 13 x 25), hay otros de plástico. El que uso me encanta porque me cabe en la bolsa del saco, y caben el pasaporte, los pases de abordaje, el dinero, las tarjetas de crédito y presentación y lo que necesito en el aeropuerto.

Tenga lista la moneda que va a llevar. Use dólares o euros; en el caso nuestro, los ticos no hacemos nada con colones en otro país. Procure llevar billetes de baja denominación (20 o menos dólares o euros), pues algunas veces se complica cambiar billetes de 50 o 100 dólares o euros.

A mí me gusta mucho viajar con tarjetas de crédito o débito, son muy funcionales y seguras. Llame a su proveedor y reporte que va a salir del país, indique el periodo y el país de destino. Esto le va a garantizar que no se las bloqueen.

Comprar un seguro de viaje podría ser una buena idea. Las coberturas típicas son muerte accidental, incapacidad total y permanente, gastos médicos por accidente o emergencia médica y pérdida de equipaje, entre otros. Cada seguro tiene diferentes opciones de cobertura que varían con el costo; busque el que más se ajuste a sus necesidades y presupuesto, y disfrute de su viaje con más tranquilidad.

Realice el "*web check in*". Esto es ingresar al sitio web de la aerolínea y confirmar que va a viajar. Use su número de reservación. Es en este proceso que puede escoger su asiento e imprimir su pase de abordaje. Esto le va a ahorrar tiempo al día siguiente. En muchos aeropuertos, con los pases de abordaje impresos (si no lleva maletas que entregar y solo porta la de mano o maletín de cabina) pasa directo a migración, con lo que se ahorra el pase por el mostrador o *counter* de la aerolínea.

Ya muchas aerolíneas tienen su propio App, en donde se puede hacer el registro y descargar en electrónico su pase de abordaje con su código QR en su "*Smartphone*". Aun así, lleve, si es posible, el pase de abordaje impreso.

Probablemente usted buscará asientos en la ventana, pero déjeme decirle que los del pasillo tienen la ventaja de que uno sale primero, son los más cómodos para ir al baño y si usted es un poco más alto de lo común, le recomiendo los puestos de la salida de emergencia que tienen más espacio que los demás asientos.

Otra recomendación es llevar recuerdos o *souvenirs* de su país, yo siempre lo hago. Durante el viaje pueden surgir interacciones con personas que lo saquen a uno de un apuro o con quienes uno comparte; para estos casos, un bonito detalle es agradecerles con un llavero, un dulce, una artesanía o algo significativo de su empresa o su lugar de origen.

Coordine con tiempo quién lo va a llevar al aeropuerto, para no andar en carreras el día antes.

Pero si el viaje es de placer o al llegar puede hacerlo informalmente, use ropa muy cómoda (evite las fajas, botas o zapatos de difícil amarrar, monedas, joyería pesada), vista sandalias, pues es usual que haya que quitarse los zapatos y todo lo que tenga metal; esto es muy molesto.

Las salas de abordaje y los aviones generalmente son muy fríos. Viaje con un abrigo a mano, medias y lo que necesite para permanecer caliente en el viaje.

Para finalizar, tome en cuenta que muchas veces le organizan a uno una fiesta de despedida, sobre todo si el viaje es largo. En estos casos DEJE TODO LISTO, usted no sabe si la fiesta se extiende, y llegar a hacer maleta o alistar qué se va a poner podría resultar desastroso.

El día del vuelo

Nunca recoja maletas que alguien dejó olvidadas ni acepte hacer favores a desconocidos.

Llegó el gran día y el éxito se logrará si todo sale de acuerdo a lo planeado y si se dan contratiempos, que no sean culpa suya.

Llegue al menos 2 horas antes al aeropuerto (las aerolíneas recomiendan 3 horas). Si llega con tiempo, todo sale bien o al menos tendrá tiempo para resolver cualquier contratiempo.

En mi país, lo primero que hay que hacer es comprar los impuestos de salida; sin estos no puede hacer el papeleo en la aerolínea. Si usted es más previsor, los puede adquirir en el banco antes de viajar.

Después, diríjase de inmediato al mostrador de la aerolínea con la que viaja. No salga del aeropuerto, puede perder su vuelo.

Al pasar por los controles migratorios, hágalo con calma, naturalidad y tranquilidad; si su lenguaje corporal es de temor o angustia, tenga seguridad de que la revisión será más estricta y complicada. Recuerde que ellos buscan delincuentes y sobre todo narcotraficantes. Lleve a mano cualquier documento que compruebe el motivo de su visita y los hoteles donde se hospedará. Esto aplica al control migratorio de salida, pero en especial al de entrada al país de destino.

Cuando ingrese a las salas de abordaje, busque la puerta en donde embarcará; una vez que la tenga ubicada, aproveche el tiempo que le queda, ya sea comiendo, viendo tiendas o leyendo. Siempre lleve algo que hacer o leer, es muy común que le sobre tiempo o que el vuelo se atrase. Para esto, las tabletas son maravillosas. Asegúrese de que la batería vaya bien cargada.

En algunos aeropuertos hay lugares de Internet gratuito (Wi-Fi). Puede aprovechar para conectarse, enviar los últimos mensajes y despedirse, o avisarle a las personas que lo esperan que todo va a tiempo.

Recuerde que las puertas de abordaje pueden cambiar, por eso monitoree constantemente las pantallas donde se indica el vuelo y la puerta de abordaje. Confirme esta información en las pantallas que están en los propios sitios.

No descuide su equipaje. Nunca recoja maletas que alguien dejó olvidadas ni acepte hacer favores a desconocidos. Jamás acepte llevarle una valija o sostenerle algo a un extraño mientras este va a hacer un trámite.

Lo que sí se vale es hablar mucho con desconocidos, de todo tipo, pues uno nunca sabe quién está o va a su lado.

Muchas aerolíneas no dan buena comida. Yo usualmente me monto al avión con el estómago lleno.

Tenga presente que el aeropuerto es un lugar caro, compre lo mínimo. Las tiendas libres de impuesto o Duty Free pueden ser lugares interesantes donde comprar perfumes, licores o tecnología, pero hágalo cuando viene de regreso, pues si va a comprar algo, lo llevará a pasear y luego lo traerá de vuelta, a menos que lo vaya a usar o consumir en su lugar de destino.

Vaya al baño antes de ingresar al avión, son pocos los servicios sanitarios dentro de él y usualmente están ocupados.

Lleve goma de mascar o chicles, pues los oídos se le podrían tapar.

Si es su primer viaje, puede que al inicio del vuelo sienta breves mareos. Si usted se marea con facilidad, mejor tómese una pastilla contra el mareo y el vómito.

Medios de pago en el exterior

Distribuya el dinero y las tarjetas en diferentes bolsas y el maletín de mano.

Hay, al menos, tres alternativas sencillas de medio de pago: efectivo, tarjeta de crédito y tarjeta de débito.

El efectivo tiene las siguientes ventajas: se lo van a recibir en todo lugar, se ahorra las dudas de que no pase la tarjeta, y en mercados o sitios donde el regateo es usual, podría obtener buenos descuentos. Como desventaja principal del efectivo, está el riesgo de que le roben el dinero o lo pierda. Si definitivamente va a portar efectivo, lleve billetes de baja denominación.

Con respecto a las tarjetas de crédito, se pueden mencionar las siguientes ventajas: son universalmente aceptadas, fáciles de manejar, sencillas para el pago y, si usted tiene un límite alto, puede usarlas sin preocupación. Las desventajas: si su crédito es muy bajo va a andar muy limitado. O si su tarjeta está topada o con poco disponible, se le dificultará usarla para viajar. Hay lugares como mercados, restaurantes y transportes, entre otros, que no reciben tarjetas. Perder la tarjeta se convierte en una complicación grave y gastar más de lo presupuestado es fácil con una tarjeta de crédito. Si gasta en otra moneda diferente al dólar o su moneda local, no hay certeza con el tipo de cambio que le cobrarán las compras y podría llevarse una sorpresa. Si la va a utilizar para sacar dinero del cajero automático, la comisión por el servicio podría ser alta.

La tarjeta de débito internacional en dólares o euros tiene algunas ventajas sobre la de crédito: usted gasta lo que tiene, no asume deuda ni se le pasará la mano.

En un viaje a Europa usé una tarjeta de débito en euros y me funcionó muy bien pues negocié un buen tipo de cambio con el banco que me extendió la tarjeta, no tuve diferencias por tipo de cambio, saqué dinero cuando necesité y no contraje deudas.

Si usted no cuenta con una tarjeta de crédito, negocie con algún familiar que le tramite una adicional para su viaje, con el compromiso de que usted le va a dar buen uso.

Particularmente, a mí me gusta viajar con al menos dos tarjetas de crédito de diferente marca (Visa, Mastercard o American Express) pues es común que en algunos lugares reciban una y en otros no. La tarjeta de débito la recomiendo, pues me ha funcionado muy bien, pero no deje de portar efectivo. Tenga presente que en algún momento los datáfonos pueden no servir y sus tarjetas podrían no pasar, por lo que el efectivo es muy útil.

La pregunta es ¿cuánto efectivo? Pues bueno, lo suficiente para salir de un apuro: pagar un tren, un bus, una noche de hotel, unas cenas, pagar unas propinas o cosas por el estilo. Usualmente llevo entre $200 y $500. Muchas veces regreso con ellos, pero me da mucha tranquilidad llevar algo de efectivo.

No porte con usted todo el dinero, deje una parte en la cajita de seguridad del hotel. Si no cuentan con una, trate de esconderlo donde no se encuentre, pero recuerde dónde lo puso. Si se está trasladando y tiene que llevar todo consigo, distribuya el dinero y las tarjetas en diferentes bolsas y el maletín de mano.

De regreso a casa

Conserve efectivo para el regreso, no gaste todo el dinero.

El regreso a casa debe tener una organización similar a la de la ida; le recomiendo releer los artículos "Prepare la maleta con tiempo" y "Puntos a recordar y preparativos finales".

Deseo agregar unos pocos elementos más que tienen que ver con el regreso.

Conserve efectivo para el regreso, no gaste todo el dinero. Siempre surgen imprevistos que no se pueden pagar con la tarjeta de crédito.

Consulte si tiene que pagar impuestos o hacer una exención de los mismos.

Procure no conservar mucha de la moneda local (salvo que sean dólares o euros); es importante no perder dinero en el cambio de moneda o regresar al país con monedas difíciles de cambiar. Cambie ese efectivo en las casas de cambio del aeropuerto y lléveselo en dólares o euros.

Aproveche las tiendas del Duty Free o exentas de impuestos para comprar algún licor, perfume, tecnología o accesorio que le interese. Tenga la seguridad de que es más barato ahí que en su país.

Pese la maleta previamente, no vaya ser que, por sobrepeso, tenga que pagar una multa.

Recomendaciones para asistir a ferias (1) [7]

Prepare para la feria un elevator pitch.

En medio de una discusión sobre asistir o no a ferias en el extranjero, un colega lo justificaba con un razonamiento muy poderoso: en un mismo lugar uno va a contactar varias docenas de proveedores, estarán los líderes de mercado con sus principales avances y productos. Además de ver las tendencias de la industria, hablar con colegas y competidores aclara mucho la situación del mercado. El costo de acceso a todo esto es el tiquete aéreo, hospedaje, viáticos y muchas ganas de hacer negocios.

Si usted no está acostumbrado a estos eventos, debe prepararse con tiempo para sacarle todo el provecho.

Revise el sitio web del evento:

- Baje el mapa con los expositores, salas de eventos, áreas de comida, puntos de Internet y demás detalles.

- Procure ubicar a los proveedores que a usted le interesa visitar.

- Consiga el cronograma de charlas, eventos y actividades paralelas a la feria.

Con esta información, prepare su propio cronograma con las actividades que quiera realizar; esto es esencial para que reparta su tiempo más eficientemente. Es normal que haya capacitaciones y otros eventos promocionales. Procure definir cuál le interesa y agréguelo a su agenda.

Si hay actividades sociales o lanzamiento de algún fabricante, téngalo presente para asistir.

Haga un plan de recorrido que le garantice ver lo que más le interesa y optimizar la ruta, para tratar de ver toda la feria.

Prepare para la feria un *elevator pitch*; esto es un pequeño discurso de presentación que busca llamar la atención y transmitir un mensaje para venderles la idea del negocio a futuros inversionistas, proveedores o clientes, y obtener una cita o reunión futura. Le ayudará a presentarse en cada *stand* y crear el contacto inicial. Si está bien desarrollado, le será de mucha ayuda.

Es recomendable que le active el servicio de itinerancia o *roaming* a su Smartphone, para que se le facilite la coordinación con los asistentes a la feria y, a la vez, esté en contacto con su trabajo. También puede comprar un chip de un operador local que le permitirá tener acceso completo al Internet y llamadas mucho más baratas en la ciudad.

Recomendaciones para asistir a ferias (2) [7]

Cuando regrese haga un plan de abajo para justificar el gasto en tiempo y dinero.

Normalmente las personas asisten con ropa cómoda, pues caminar la feria dos o más días es muy desgastante. Procure llevar zapatos confortables, se camina mucho y se está también mucho de pie, ya que en los stands no suele haber sitios donde sentarse. Trate de mantenerse hidratado durante la feria. Porte siempre su identificación dentro del evento para evitar problemas con la seguridad interna.

No se deje sorprender, lleve ropa formal también, pues podría ser que lo inviten a una recepción, lanzamiento o logre una reunión con un cliente o proveedor clave, para lo cual es mejor ir preparado.

Debe llevar campo disponible en su maleta ya que, posterior a la feria, terminará con una gran cantidad de *brochures*, revistas, fichas técnicas y demás, que será necesario traer de regreso para hacer el trabajo post-evento. Fácilmente podrá traer entre 5 kg y 10 kg de papeles.

Es vital llevar una buena cantidad de tarjetas de presentación para entregar a los contactos de interés en la feria. Además, cuando a usted le entreguen alguna tarjeta y el contacto le interesa mucho, sepárela y anótele al reverso el posible negocio o motivo de interés.

Tómese su tiempo en cada uno de los *stands* que le interesen. Recuerde que el propósito general de estas ferias es traer consigo nuevas ideas, equipos o inclusive negocios, por lo que, por cortesía, se le debe brindar a cada exponente la oportunidad de que le expliquen la razón de ser de su empresa. Si usted analiza que un *stand* no tiene que ver con su negocio y no hay posibilidades de negocio, reduzca el tiempo, corte rápido y siga su ruta.

Cuando regrese, haga un plan de trabajo para justificar el gasto en tiempo y dinero de haber ido a la feria. Procure cerrar negocios, buscar acuerdos, implementar nuevas ideas para que a futuro vean que es buen negocio enviarlo a usted a este tipo de ferias.

[7] Este artículo se escribió con la colaboración de Pablo Vargas Castro, Bachiller en Administración de Empresas del Tecnológico de Costa Rica.

A los emprendedores

Seis lecciones para emprendedores,

por Daniel Pink

La persistencia le gana al talento.

En una ocasión vi un video de Daniel Pink y me llamaron la atención las siguientes recomendaciones que daba a los emprendedores.

1. "No hay plan, la economía cambia muy rápido para que tu carrera tenga un plan". En estos días se ha cuestionado mucho el plan de negocios y ha emergido el *Lean Startup*, que plantea que el emprendedor emprenda, que salga al mercado y pruebe su negocio; que no es suficiente tener una buena idea y que es vital probarla.

2. "Piensa en las fortalezas (puntos altos) y no en la debilidades". Una vez, un gurú de la estrategia comentaba que muchas veces nos preocupamos tanto por la debilidades y trabajamos tanto en ellas, que convertimos en mediocres nuestras fortalezas y logramos mejorar mediocremente nuestras debilidades.

3. "No es sobre ti, servir a otros sirve más". Nunca emprenda para hacer dinero, va a ser terrible. Hágalo porque el negocio le encanta, porque va a impactar a la gente y el dinero vendrá después. Recuerdo un cuadro que había en mi oficina cuando inicié a trabajar: "Si no vives para servir, no sirves para vivir".

4. "La persistencia le gana al talento". Recuerdo la frase de mi profesor de matemáticas en el colegio, don Víctor Buján, que decía: prefiero a los estudiantes con trasero de hierro que con cerebro de oro.

5. "Comete excelentes errores, arriésgate pero falla por adelantado". Cuando falle (va a pasar), aprenda del error, capitalice el aprendizaje y evite cometerlo de nuevo.

6. Dejar un legado. Piense en que va a impactar a su cliente, que le va a dar algo que solo usted podría darle, que no hay nadie que lo hace como usted.

Me gustaron estos seis pensamientos, creo que se les puede sacar bastante provecho.

Pruebe primero el modelo de negocios

Hablar con el cliente, que vea el producto o servicio, que lo compre y evalúe.

Una vez di una charla sobre emprendedurismo y destacaba cómo algunas empresas habían iniciado su actividad, literalmente, en una cochera. Mencioné aquella vez a Amazon.com y Apple.

Si lo pensamos bien, tiene mucho sentido para un emprendimiento. Es de bajo costo, por lo que implica baja inversión.

Arrancar operaciones lo antes posible permite ir probando la idea de negocios, pues si se espera a tener capital para una gran oficina, puede que nunca llegue ese momento.

Siempre es un reto probar y corregir; trabajar con prueba y error nos permite acercarnos más a lo que sirve y a lo que no, pues la idea en papel no permite ser validada.

Muchas veces vale la pena posponer ciertos trámites de formalización de la empresa para ver si la idea tiene sentido. En muchos de nuestros países, la burocracia mata a cualquier emprendimiento, por lo que tener claro que la empresa funciona, nos permite luego hacer los trámites de formalización con más dedicación y paciencia.

Otra de las grandes ventajas de "tirarse al agua" es que podemos generar ingresos con esas pruebas que se hacen y esto nos ayuda a sobrevivir.

Algo más importante que el dinero es poder hablar con el cliente, que vea el producto o servicio, que lo compre y evalúe, pues con esta información nos ayuda a mejorar cada vez más la propuesta de valor.

Algunas veces emprendemos después del trabajo, cuando vemos que el negocio funciona nos puede dar confianza para renunciar y dedicarnos de lleno a nuestra empresa.

Un término que se ha puesto de moda es el de *Lean Startup* (LS), un concepto o metodología que busca aplicar el método científico al desarrollo de nuevos productos y servicios. Aboga por preparar un producto mínimo viable que sea suficiente para ir al mercado y probar nuestra idea para luego depurarla. Además, genera una metodología de validación de resultados y procura ciclos más cortos de diseño y producción. El LS busca lograr lo que se plantea en este documento, le invito a investigar sobre el tema.

Lo importante es iniciar el negocio y validar nuestro producto mínimo viable, para que la empresa arranque. Día con día se podrá formalizar más la empresa y acercarnos a nuestra visión de negocios.

Si, por el contrario, no funcionara la idea, la podemos mejorar o desistir de ella, después de probar que no funciona y de tratar diversas propuestas. Esto puede permitir que la idea "descanse en paz" sin una inversión exagerada, pero con una gran tranquilidad en nuestro corazón emprendedor.

Presupueste el doble de la inversión

y el doble de tiempo

¡No se emocione! Vea las cosas fría y objetivamente.

Papá decía que cuando ingresara a un negocio nuevo, presupuestara el doble de la inversión y el doble de tiempo, y analizara si los números daban en esas condiciones.

Alguien que le presenta un nuevo negocio la mayoría de las veces está muy emocionado, cree ciegamente en el negocio y esto lo aleja del mejor criterio técnico y objetivo; está casado con el proyecto. ¡No se emocione! Vea las cosas fría y objetivamente.

Otras veces nos quieren "embarcar". Andan buscando un socio para diluir el riesgo y para no enfrentarse solos en el emprendimiento. En estas condiciones van a tratar de vender lo mejor posible el negocio y nos podrían engañar.

Revise muy bien las proyecciones, que siempre son maravillosas. Apuntan a hacerle sentir un tonto de solo pensar en no entrar en ese negocio, y pensar que podría lamentarse toda la vida si no participa.

Recuerdo que a finales de los noventas entramos en un negocio de desarrollo de software. La hipótesis era que el error del milenio (muchas de las fechas del año en los sistemas computacionales estaban a dos dígitos, no a cuatro y se especulaba que esto haría estragos) iba a generar que muchas empresas cambiaran sus programas financieros-contables. Los números eran tan maravillosos, daban para que en el quinto año los cuatro socios nos compráramos un BMW nuevo. Por supuesto nunca nos compramos el carro, por lo menos no gracias a los ingresos de esa empresa, que pocos años después quebró.

Busque ayuda de alguien que entienda el mercado y las proyecciones; estas pueden ser engañosas. Revise muy bien los números, el mercado y las oportunidades. Castigue los números y plantee diversos escenarios.

Muchas veces los primeros años exigen meterle mucha plata al negocio.

De mi experiencia he podido recibir dinero de un nuevo negocio si:

- trabajo en el emprendimiento y tengo un salario (varias veces me ha tocado trabajar muchos años de gratis);

- si soy paciente y espero años (en uno de ellos logramos repartir dividendos al año 12);

- o si vendo, pues me están pagando el negocio en marcha, lo que creció y lo que le costaría a otro iniciar de cero. Es en este modelo que me ha ido mejor.

Olvídese de convertirse en millonario en el corto plazo; los Facebook y los Google son escasos. Tal vez con trabajo fuerte e inteligente, y con una muy buena oportunidad de mercado lo logre, pero no es sencillo.

Tenga cuidado al crecer, invierta en estructura

Decida en cual división quiere jugar y arme el equipo justo.

El sueño de muchos emprendedores es crecer, dejar de ser una micro o pequeña empresa y convertirse en una empresa mediana o grande.

El gran problema es que crecer no es sencillo. Una mala decisión de tomar un contrato demasiado grande, por ejemplo, podría hacer que su negocio quiebre. Sé que hay muchos intrépidos que dirán "yo corro el riesgo", pero no siempre nuestra capacidad de planta, recurso económico o personal son suficientes para lograr dar el salto.

Antes de tomar ese riesgo, evalúe hasta dónde puede crecer y qué necesita para hacerlo.

Regularmente, cuando un negocio empieza a dejar ganancias, lo último que muchos dueños quieren es tomar esa ganancia e invertirla en más personal. Son resistentes a invertir en estructura organizacional. Sin embargo, la mayoría de las veces, este personal es muy importante para apalancar el crecimiento.

El empresario debe dejar de ser un "todólogo", un hombre (o mujer) banda, una persona que quiere hacer todo. Debe delegar, propiciar que se vayan especializando las personas en ciertas tareas y pasar a tener un trabajo más estratégico, en donde su esfuerzo agregue más valor a la empresa y al cliente.

De no ser así, estas personas tendrán empresas "enanas", que no crecen, en donde ellos serán autoempleados de su negocio.

Arriésguese, así como ha realizado muchas otras apuestas o actos de fe, piense que fortalecer su negocio con personal idóneo podría ayudarlo a crecer, realizar mejor lo que hace, satisfacer mejor al cliente y conseguir nuevos negocios para las referencias de sus clientes.

Decida en cuál división quiere jugar y arme el equipo justo.

Consejos sobre Gerencia

¡Dedíquese a lo estratégico! (1)

Se clarifica mucho cuando uno logra establecer lo que no es, lo que no va a hacer, lo que no va a dar.

Cada vez más los empresarios se quejan de lo duro que está el mercado, de lo que cuesta competir con rivales locales e internacionales. En estas condiciones, definitivamente, hay que diferenciarse de los demás. Empresas como el hotel Four Seasons, la cafetería Starbucks, los productos Nike, los vehículos BMW y los parques temáticos de Walt Disney han logrado diferenciarse y cobrar más por sus productos y servicios.

El gran riesgo de que todos en el mercado se parezcan tanto, es que el cliente va a decidir su compra por un solo factor: el precio. El único que se beneficia con esta posición competitiva es el cliente y todas las demás empresas van a ver cómo sus utilidades se reducen.

Es por esto que el maestro Michael Porter decía: "Estrategia es seleccionar el conjunto de actividades en las que una empresa destacará para establecer una diferencia sostenible en el mercado". Hay que dejar claro que no vamos a poder ser buenos en todos los procesos, debemos decidir en cuáles. Pero además hay que establecer con claridad cuál es la ventaja que queremos lograr para vencer a los rivales y garantizar que esta dure en el tiempo.

Este proceso se clarifica mucho cuando uno logra establecer lo que no es, lo que no va a hacer, lo que no va a dar, es decir, los *trade off*, sacrificios o renuncias que va a hacer la empresa a cambio de otros elementos que sí se proporcionarán. Por ejemplo, el Circo del Sol renunció a los animales; los restaurantes McDonald's a los saloneros y a restaurantes cómodos, y Amazon.com a una atención personalizada y cara a cara.

Cuando se analiza que el show del Circo del Sol es con gimnastas y artistas, combinando un espectáculo de Broadway con lo mejor del circo, entendemos que no hacen falta los animales. Por otro lado, el sistema de McDonald's operativamente es muy eficiente: usted hace fila, ordena, se sirve, se sienta, recoge la mesa y se va, por un precio muy bajo. Tiene sentido no tener saloneros ni restaurantes que inviten a quedarse mucho más del tiempo necesario. O Amazon.com, que busca una experiencia eficiente, sencilla, rápida, barata; tiene sentido no tener que ver al vendedor a la cara o hablar con él.

Al adentrarse en cada negocio, se deben establecer los Factores Críticos del Éxito (FCE). Éstos son un aspecto interno de la organización, normalmente son controlables e indispensables para que los objetivos de la empresa se cumplan, y representan todo lo que no puede fallar. Dependen directamente de la misión de la empresa.

De acuerdo con Thompson, Peteraf, Gamble y Strickland, en su libro "Administración Estratégica: teoría y casos" (18ª ed.), "los factores principales de éxito son los elementos de la estrategia, los atributos del producto y servicio, planteamientos operativos, recursos y capacidades competitivas con el mayor impacto en el éxito competitivo futuro en el mercado."

Si a todo esto le sumamos la situación del mercado y la empresa: ¿en qué no puedo fallar y en qué me voy a distinguir para golpear el mercado?, ¿contaré con los insumos básicos para realizar el plan estratégico?

Con estos insumos vamos a ir estableciendo el rumbo de la empresa y a tener claras la visión, misión y objetivos de la empresa.

¡Dedíquese a lo estratégico! (2)

Hay que congregar a toda la empresa para que trabaje por el plan.

Con esta información definida, se debe trasladar a alguna herramienta funcional para que ayude a ejecutar el plan. En este momento, se utiliza cotidianamente el *Balance Score Card*, o Cuadro de Mando Integral. Junto a lo que se ha definido, es importante que cada objetivo tenga su indicador de gestión: la meta o cuantificación de lo que se quiere lograr por objetivo y el plan de acción para que cada objetivo se realice.

Una vez que tenemos el plan claro, hay que ejecutarlo. Es decir, ser estratégico no es solo tener un plan, hay que congregar a toda la empresa para que trabaje por él. Hay que arremangarse y dedicarse a que el plan se cumpla. Siempre hay cosas operativas que hacer, pero esas a las que uno les dedica tiempo deben afectar los Factores Críticos de Éxito (FCE) y, por ende, la estrategia. Es estratégico poner a todo el mundo a trabajar. Hay que delegar objetivos, tareas y funciones para que se concreten los FCE.

En algunas personas se genera un conflicto, pues no distinguen entre lo operativo sin valor agregado y el trabajo operativo que impacta a la estrategia. En cualquier gerencia siempre habrá cosas que hay que hacer o controlar, que requieren de trabajo operativo; es importante hacerlo a sabiendas que esto impactará la estrategia.

Una vez tuve una conversación muy seria con uno de los gerentes jóvenes de unidades de negocios. Esta unidad era la más joven del grupo, contaba con 7 personas y se dedicaba al comercio o retail. Él me decía que ya era licenciado, y que quería estar en lo estratégico. Yo le hice ver que habíamos hecho ya el plan estratégico y que la ruta estaba clara. Además, él era encargado de las compras, proceso fundamental para lograr uno de los objetivos estratégicos: aumentar la utilidad operativa. Yo le comenté que, si bien no le gustaba ingresar facturas al sistema, la negociación con proveedores, las compras correctas, evitar los errores en el ingreso de la información y la definición de los márgenes de utilidad por producto eran actividades que afectaban directamente el logro del objetivo. Es decir, cada una de estas actividades agrega valor a la compañía y logran que se cumplan los factores críticos de éxito de la empresa. Ser estratégico no es solo quedarse en la planeación estratégica, hay que estar en la ejecución estratégica y el control estratégico.

El profesor Álvaro Reynoso siempre dice que ser estratégico es "cuando todas las personas, de todos los niveles, todos los días, toman decisiones, actúan y trabajan para lograr la Visión, Objetivos y Metas de la Organización".

Después del proceso de ejecución, no deje de lado el control para estar seguro de que todo lo que se planeó se cumpla y si se presenta una brecha, corregirla y tomar acciones en el momento justo.

Luego dedique tiempo a otros aspectos básicos del trabajo de un gerente estratega:

- Piense en proyectos a futuro, elementos que requiere la empresa y que la proyectarán a futuro.

- Conversar con gente clave. Podrían ser clientes, proveedores, accionistas, empleados; esta será información fundamental para resolver problemas o hacer mejores planteamientos.

- Reflexione sobre elementos importantes. Tendencias de mercado, coyunturas del mercado, en fin, elementos que lo hagan ver hacia delante. Un buen amigo dice que esto es como jugar ajedrez: hay que ir dos o tres o muchas jugadas adelante, para anticipar los movimientos de la competencia y el mercado.

- Salga del escritorio y revise con sus propios ojos el avance de su empresa en el campo.

Hay gerentes que creen que deben hacerlo todo, algunos para controlar, otros por desconfianza en el equipo, otros por no saber o querer delegar, o tal vez porque no entienden el negocio. Estos gerentes que no trabajan lo estratégico salen muy caros y se va a evidenciar su incapacidad.

Hay que ver el bosque y no solo el árbol que tenemos al frente. El compromiso en la integridad del negocio hará que los asuntos avancen.

Un gerente dedicado a lo estratégico y a su implementación vale oro.

Muchos no conocen el negocio en el que están

Usted debe tener muy claro que equivocarse en la propuesta de valor podría poner en jaque su compañía.

Me encanta la gente que emprende, que inicia nuevos negocios, con picardía y nuevas propuestas.

Por otro lado, lamento mucho los que ponen un negocio y no lo entienden, copiando prácticas de otros sin cuestionar si esto agrega valor o no.

Mi prima Manuela es abogada y cuando su hijo no pudo ser cuidado más por la muchacha que lo hacía, tomó la decisión de llevarlo a una guardería, mientras entraba al sistema formal de educación.

Al poco tiempo se percató de que la guardería tenía los mismos feriados que el Ministerio de Educación Pública, las mismas vacaciones y periodos de receso.

Debido a esto, en los feriados para la guardería, mi prima muchas veces hizo teletrabajo, sin embargo, muchas otras tenía que salir a diferentes despachos a hacer diligencias. Era muy complicado para ella tener que dejarse al niño y atender un cliente o alguna audiencia judicial.

En ese momento me di cuenta de que la dueña de la guardería no entendía su negocio y estaba generando un conflicto fuerte con las necesidades de mi prima y de los demás papás que estaban en la misma situación.

La gente no tenía a los niños ahí por lo que pudieran aprender, los tenían ahí porque necesitaban ir a trabajar. El grueso de las familias eran de padres y madres que ambos trabajaban, o madres solteras que laboraban. En el caso de mi prima no tenía familia cerca, por lo que era imposible dejar al niño con su mamá o hermana.

¿Quién cuida un niño en vacaciones de medio año? ¿O el día del maestro? ¿O el día del árbol? Las familias desearían un servicio de 50 semanas al año (coincidentes con la vida laboral), si es posible un horario extendido, de 6 o 7 de la mañana a 5 o 6 de la tarde. Incluso muchos desearían guardería nocturna en ciertas épocas, que les permita ir a una actividad por la noche o, en el caso de ella, a un juicio en un despacho vespertino (inician el trabajo a las 5 p.m.); pero, además de todo esto, que los niños estén contentos, bien alimentados, entretenidos y encariñados con sus maestras y su guardería.

Cuando usted no entiende el negocio en el que está, va a perder clientes y generar malestar. Se debe tener muy claro que equivocarse en la propuesta podría poner en jaque su negocio. Muchas veces invertimos tiempo y dinero en procesos, prácticas o activos que el cliente no valora o no cree importantes.

Vuelva a pensar en sus negocios, hable con sus clientes, ya que se podría llevar la sorpresa de que no está ofreciendo algo en lo que la gente está interesada.

Se pensó y se hizo

Póngase en marcha y después de pensar bien las cosas, ¡EJECUTE!

Recuerdo que una vez participaba como mentor en un concurso de emprendimiento muy importante, con un equipo de ingenieros en electrónica. Lo que hacían me encantaba.

Cuando empezamos a trabajar, me contaron que una empresa quería comprarles sus productos y que aquello sería un éxito. Les pregunté si ya tenían su empresa formalmente constituida, si tenían sitio web, si tenían los productos patentados, si contaban ya con fondeo y otras cosas más. A cada una de las preguntas me respondieron lo mismo: "lo hemos pensado, pero no lo hemos hecho".

Está claramente demostrado que en los negocios hay un serio problema de ejecución; las personas muchas veces saben lo que tienen que hacer, pero no lo hacen.

Póngase en marcha y después de pensar bien las cosas, ¡EJECUTE! Un buen amigo mío, ingeniero mecánico y especialista en proyectos, Roberto Quirós, tiene un dicho que me encanta: "¡Se pensó y se hizo!"

"Tírese al agua" y si ya tiene claro lo que tiene que hacer: ¡hágalo!

¿Cuántas veces se analiza más de la cuenta y no se hace nada? Algunas veces hay parálisis por mucho pensar o mucho planear y esto es fatal. Otras veces queremos algo perfecto y la gente dice que si no está perfecto no lo harán o no lo sacarán al mercado, y yo les digo: lo perfecto es enemigo de lo bueno.

En este sentido, el *Lean Startup*, nos dice que debemos hacer el producto mínimo viable para lanzarlo al mercado y luego, con la información que nos dé el cliente, lo iremos mejorando.

Trate de involucrar a toda la gente posible; véndales su idea, convénzalos de que lo que está haciendo es importante para el cliente, para la empresa y para el equipo, y lidere el proceso.

Vuélvase un experto ejecutor, un excelente administrador de proyectos. Las personas que logran sus objetivos, claramente se distinguen de las que lo pensaron y no lo hicieron.

En mi país se ha puesto muy de moda estudiar administración de proyectos y, al ver lo que estas personas hacen y usan para aumentar la efectividad, me gusta mucho lo que aportan.

Apóyese en las herramientas adecuadas, busque a socios estratégicos que lo apoyen y conviértase en un excelente ejecutor.

Destáquese por lograr sus objetivos y metas.

Concéntrese en los resultados

Si usted no genera dinero para los socios, sus días en ese asiento están contados.

Tenga algo muy claro, nos miden por resultados.

Algunas personas se centran en la gente, otros en los procesos; pero éstos son los medios para lograr resultados organizacionales.

Comentaba una vez Jack Welch, (ex CEO de General Electric y considerado por muchos el mejor CEO del siglo XX) en una entrevista, que había tenido serios problemas con un jefe, pues había siete compañeros gerentes: el jefe tenía un favorito y Jack era al que menos quería; realmente le caía mal y esto bloqueaba su ascenso en la empresa.

Dice que la única forma de superar esa situación y lograr escalar, a pesar de ese jefe, fue rendir, rendir y rendir más de la cuenta. Comentaba que su superior no podría bloquearlo si sus resultados eran sobresalientes, y así fue.

Muchas veces no es un problema de esfuerzo o dedicación, sino de claridad, pues se trabaja por los resultados incorrectos o del todo no se sabe qué es lo que la organización requiere de uno.

Esto se entiende mucho mejor en los deportes, por ejemplo el fútbol. Todo lo que se hace en el fútbol es para ganar el partido (así como en la empresa todo se hace para generar utilidades). La estrategia, la táctica y el acondicionamiento físico se alinean para lograr los resultados y todo se resume en dos acciones básicas: no dejar que le hagan goles (o recibir la menor cantidad) y anotar la mayor cantidad. Si esta máxima se cumple, se ganará cada partido y seremos campeones.

Ojalá los gerentes tuvieran tan claro lo que deben hacer, como en el fútbol, pues muchas veces los resultados no se logran porque no se tienen claros, no se sabe cómo medirlos o se miden otras cosas y esto hace que el gerente fracase y, con él, la empresa.

Aquí surgen dos grandes preguntas: ¿puede usted lograr esa claridad en su departamento o empresa? ¿Cómo lograr que toda la empresa se alinee para lograr esos resultados?

Cuando usted dirige un negocio, los accionistas y la junta directiva van a revisar el estado de resultados de abajo para arriba; es decir, primero van a ver cuánto se ganaron en ese periodo y luego verán el resto. Si usted no genera dinero para los socios, sus días en ese asiento están contados.

Debemos entender que todo lo que se hace en la empresa es para logar resultados, y el fin último o supremo es generar utilidades; para eso son las empresas con fines de lucro.

El día en que tenga muy claro lo que debe lograr (y eso sea lo correcto) y toda la organización trabaje para conseguirlo (esté alineada), va a alcanzar resultados de orden superior, y esa última línea del estado de resultados va a hablar muy bien de su trabajo.

Entre más alto esté uno en la organización,

más solo está

Ese día llegamos a la conclusión de lo importante que era la Junta Directiva.

Poco después de la crisis del 2008, mi padre enfermó y tuve que asumir la dirección de la empresa. La sucesión se adelantó siete años, pero la transición no fue tan complicada pues ya estaba planificada.

Uno de los aspectos que más extraño de su partida son las largas conversaciones que teníamos sobre el negocio, las estrategias, los clientes, el entorno y el futuro. Incluso era nuestra costumbre salir a caminar por las noches y analizar lo que pasaba.

Yo me sentía muy incómodo, pues necesitaba discutir estos puntos y ya no tenía con quien. Alguna vez lo hice con alguno de los gerentes, pero resultaba complicado pues muchas veces ellos eran parte del asunto. Con la familia encontré toda la disposición, pero no siempre conocían a profundidad el tema.

Conversando un día con una consultora en empresas familiares, ella me dijo: "Erick, entre más alto está uno en la organización más solo está". Esta frase para mí fue lapidaria, pues eso era lo que estaba sintiendo y, de una u otra forma, me generaba un gran malestar. En algún momento creí que era yo el que se había aislado, pero ese aislamiento fue natural y necesario.

Ese día discutimos acerca de que era imprudente hablar con la gente de adentro de la empresa ciertos temas: despido de personal clave, venta o compra de empresas, o estrategias de mercado, por citar algunos casos.

Llegamos a la conclusión de lo importante que era tener gente de confianza y de robusta formación con la cual discutir estos temas. Me quedó también claro que debía fortalecer la relación con mi hermano, quien era el gerente de operaciones, pues conocía muy bien el negocio.

Sin embargo, el órgano por excelencia para resolver esto era la Junta Directiva (que recién la estábamos formando). La presencia de directores externos que no tenían ningún interés particular en la empresa facilita la discusión y los consejos, y en mi caso, el acompañamiento que tuve durante más de quince años con mi padre.

Así que tenga claro que, al ir subiendo en la estructura, tendrá que ir cambiando los referentes para comentar y discutir; y si en algún momento usted es el gerente general o presidente, no busque dentro de la empresa los consejeros para resolver ciertas situaciones.

Manejo estratégico de las relaciones bancarias (1)

La bancarización fue clave para que la empresa creciera aceleradamente.

Para la generación de mi papá, era todo un orgullo contar que habían levantado una empresa sin un solo crédito bancario. Eran épocas en donde conseguir financiamiento era complicado y todo se hacía con capital propio. Desde esta visión, yo no entendía por qué uno en la universidad estudiaba tanto el tema.

Lo comprendí cuando llegamos a una encrucijada y tuvimos la posibilidad de tomar un contrato tan grande que con nuestros recursos no hubiéramos podido.

Así que iniciamos la bancarización de la empresa. Más de 15 años después he entendido que ese proceso fue clave para que la empresa creciera aceleradamente.

Al cabo del tiempo he podido aprender algunos detalles que deseo compartir.

1. Trabaje en su contabilidad y procure que esté lo más ordenada posible. Tenga un contador competente que maneje bien las Normas Internacionales de Información Financiera (NIIF).

   No revuelva sus gastos o los de la familia con los de la empresa, procure ser muy ordenado, pues la base de las finanzas es la contabilidad. La informalidad y el desorden son sus enemigos.

2. Si tiene los recursos contrate un auditor que esté dispuesto a asesorarlo. Inicie el proceso de mejora de los estados para lograr un dictamen positivo.

Es muy normal que aparezcan cuentas o procesos que se estén manejando mal y el auditor recomendará corregirlos.

En nuestro caso, duramos dos o tres años en poner la contabilidad lo suficientemente ordenada para que el auditor emitiera un criterio positivo. Apenas terminando este proceso, el banco nos exigió los estados auditados y gracias a nuestro trabajo proactivo, estuvieron listos.

Manejo estratégico de las relaciones bancarias (2)

El flujo de caja es la herramienta ideal para demostrar el impacto del crédito.

3. Cuando pida dinero a los bancos debe demostrar el uso de ese efectivo, el impacto en la empresa y que lo va a poder pagar. Los banqueros quieren hacer buenos negocios. El flujo de caja es la herramienta ideal para demostrar la utilidad del crédito y que la compañía podrá cancelar el préstamo. Con toda claridad, éste demuestra el crecimiento en ventas y la disponibilidad de recursos.

4. Un buen amigo dice que a nuestros banqueros les gusta tener "tierra bajo las uñas". Esto en referencia a que a uno se le facilita el proceso si hay garantía hipotecaria (propiedades respondiendo por el financiamiento).

Sin embargo, algunos bancos de avanzada están permitiendo otras garantías:

- Fiduciario: con el buen historial crediticio le prestan a uno cierto monto, y la garantía de esta operación es nuestra palabra.

- Factoreo: si usted tiene buenos clientes, esas facturas que usted no ha cobrado las entrega al banco, le adelantan un porcentaje (entre 80% y 90%) y cuando el cliente cancela, lo hacen al banco.

- Sobre contratos: otra alternativa es endosar un contrato donde el cliente va a pagarle al banco y el banco le presta de un 50% a 70% del monto anual del contrato.

- Tarjeta de crédito: conozco gente que ha hecho maravillas con una tarjeta de crédito. Busque un banco con buenas condiciones de tasa y facilidad de trámite, solicite la tarjeta y úsela. Tenga el cuidado de mantenerla al día y de hacer abonos extraordinarios, cuando el negocio surja.

5. Al banco hay que enviarle dos o tres veces al año la información financiera. Siempre se envían los estados de todo el periodo fiscal (en Costa Rica va de octubre a setiembre). Negocie con el ejecutivo cuántas veces requiere de la información. Una vez que tenga esto claro, programe el envío y procure que los estados lleguen a tiempo y con la información correcta. Si lo tiene bien programado, no lo van a sorprender.

Manejo estratégico de las relaciones bancarias (3)

Entre más operaciones tenga más fácil se le va a hacer negociar mejores tasas, plazos y montos.

6. El ejecutivo va a tener relación con uno durante todo el año. Tanto para colocar más productos o servicios como para ser el intermediario con el banco. Trate de aumentar el volumen de negocios con ese banco como pago de impuestos, derechos de circulación de los vehículos, tarjetas de crédito, pago de planillas, cuentas corrientes, inversiones, etc. Entre más operaciones tenga más fácil se le va a hacer negociar mejores tasas, plazos y montos. Procure desarrollar la relación con los ejecutivos, trate de que vaya más allá de la reunión de negocios. Almuerzos periódicos y reuniones informales pueden ayudar a fortalecer la relación.

7. Sin embargo, no se case con un único banco ya que esto aumenta su riesgo. Si por alguna razón la relación con el banco se complica o el banco restringe los créditos, tener otros bancos con los que haya operaciones facilita el acceso a servicio o créditos. Algunas veces, ponerlos a competir hace que mejoren las condiciones.

8. Una o dos veces al año el ejecutivo le va a pedir una reunión. Pregunte cuál es el fin de la reunión: si le dice que va a llevar al analista usted debe prepararse. El trabajo del analista es valorar si la información que usted presentó lo hace sujeto de crédito o no. Esto en mucho define su futuro con el banco.

Yo usualmente fijo la fecha por lo menos con una semana de tiempo, esto con la idea de revisar en detalle la información que enviamos. La revisión la hago con mi contador y mi gerente financiero. En la reunión con el analista uno de ellos debe estar con usted.

Normalmente el analista va a preguntar sobre dos grandes temas: la parte cualitativa y la cuantitativa. En la primera yo le cuento el trabajo que estamos haciendo, los clientes que tenemos, cómo hemos formalizado la empresa, los nuevos clientes y productos. Es decir, hay que convencerlo de que nuestra empresa va bien y tiene un buen futuro. Usted debe conocer a cabalidad el funcionamiento de la empresa para poder convencer a otros.

Una vez que todo esto se haya comentado, querrá aclarar algunas dudas de la información que usted le envió. Esta parte usualmente la contesta el contador o el financiero. Usted debe ser contundente. Regularmente las preguntas versan sobre: rentabilidad, flujo de caja y riesgos del negocio.

Sea muy claro, pero no hable de más. Recuerde que un buen manejo de los bancos le permitirá crecer más rápido y usar dinero más barato. No se olvide que el dinero que uno no tiene es el más caro.

El escritorio es un pésimo lugar

---

desde donde dirigir una empresa

He podido constatar que lo que me dicen, a veces dista mucho de la realidad.

Hay una terrible tentación de quedarse en el escritorio y querer dirigir un departamento o una empresa desde ahí. El problema es que en la oficina uno vive de lo que le cuentan, de cómo los otros perciben el mundo y la realidad. Lo que para unos podría ser terrible, para otros podría ser genial, y esto nos obliga a ir al campo y tomar una posición por uno mismo.

Otra complicación es que mucha gente tiende a filtrar lo malo, evitan que le llegue a uno y cuando algo finalmente llega a nuestro escritorio, es realmente malo.

En mi trabajo -seguridad con oficiales- ningún servicio se brinda dentro de mi empresa. Todos los clientes están en sus empresas o instituciones, y toda la acción se desenvuelve fuera de nuestras instalaciones.

Salir de mi escritorio me ha permitido identificar elementos muy valiosos.

- Ver cara a cara al cliente, le da el mensaje de que es un cliente importante. Lo conoce en su ambiente natural. Puede ver en su oficina sus fotos, su estilo de trabajo, si apoya a algún equipo de fútbol y todo esto ayudará a entenderlo y atenderlo mejor.

- Me ha ayudado a conocer lugares impensables de mi país. Desde proyectos hidroeléctricos (por dentro) hasta potreros donde se construirán obras icónicas.

- He podido constatar que lo que me dicen a veces dista mucho de la realidad.

En vista de que todos mis clientes están en sus sitios y no llegan a mi oficina, por lo general, yo parto del hecho de que el que está lejos soy yo y no el cliente. Si un cliente que está en la costa o en zona rural me llama, debo entender que mi trabajo es ir y reunirme con él. Si creo que es muy largo y no quiero ir, debo valorar no dar más servicios a tanta distancia de mi empresa.

Tom Peters decía que cuando un cliente lo llamaba, no tenía problema en volar 3.000 kilómetros para reunirse con él 30 minutos.

Manejo de reuniones

Procure lograr acuerdos y establecer puntos claros.

En el mundo empresarial, las reuniones o juntas se utilizan mucho, ya que en un solo momento se logra sintonizar a un grupo de personas.

En algunas organizaciones abusan de este recurso, por lo que hay que saber utilizarlo. Le planteo algunas recomendaciones, tanto si usted organiza la reunión, como si es sólo un asistente.

Antes de convocar a una junta, valore si es necesaria o si por el contrario con un par de llamadas se puede coordinar la situación. Si es necesaria, planee con cuidado el objetivo, asistentes y tiempo. Elabore una agenda de los puntos que se abordarán; no sorprenda a la gente, es de muy mal gusto.

Convoque la reunión con tiempo, si las personas que asisten en general pasan muy ocupadas, trate de conciliar las agendas para lograr un momento en el que todos puedan asistir. Sea formal, pase un correo electrónico con la convocatoria.

Acláreles para qué es la junta, envíeles la agenda, esto permitirá que se preparen y sea más efectiva.

Si usted es convocado, asegúrese de qué se trata, revise la agenda y prepárese. Lleve los datos que siempre le piden, más otros que podrían pedirle para que no le sorprendan. Si usted tiene *laptop* o computador portátil, llévelo, pues si necesita alguna información la tendrá a mano. Revise sus pendientes, acostúmbrese a llegar a las juntas con sus pendientes al día.

Inicie agradeciendo a los asistentes, aclare el objetivo y repase la agenda. Si la reunión es rutinaria, a mí me encanta iniciar con la revisión de los pendientes de la vez anterior y el avance desde la última vez, esto hace que sean más productivas.

Cuando usted dirige la junta debe manejar ciertos aspectos:

- Lo primero que debe administrar es el tiempo, evite reuniones extensas y procure durar lo pactado.

- La asignación de la palabra o turnos para exponer es vital en la administración del tiempo. Hay gente que se extiende de más y otros que pasan callados, pero cuyas opiniones son clave. Con los primeros sea cuidadoso y cortés, pero no los deje hablar de más y con los segundos, pregúnteles su criterio y así conocerá con claridad lo que piensan.

- Algunas veces hay temas que solo le interesan a pocos participantes y se alejan de la agenda, pues su discusión hace que secuestren la reunión. En estos casos, invítelos a que terminen de resolver sus temas en una próxima reunión en donde sólo estén ellos.

- Procure lograr acuerdos y establecer puntos claros.

- Lleve una minuta o acta de lo conversado y los acuerdos tomados.

Si usted es participante y va a intervenir, procure que su comentario agregue valor; si no tiene nada que aportar, el silencio es la mejor opción.

Después de la reunión depure la minuta o acta, y envíela a los asistentes; además, deles seguimiento a los compromisos y pendientes.

El contacto correcto

Sea usted también uno de los facilitadores de información y contactos.

Cuando uno está haciendo negocios, para obtener una información, conseguir un cliente o proveedor o por cualquier otra razón, se necesita hablar con la persona correcta.

Claro está que no se puede conocer a todo el mundo. Es ahí donde debemos tener una amplia red de contactos para saber a quién preguntarle y lograr llegarle a esa persona.

Es muy importante cuidar y desarrollar esta red de contactos, que hoy se llama *Networking*, pues no se sabe en qué momento hay que recurrir a ella.

Durante mi vida han habido varias fuentes donde he encontrado a la persona correcta, ya sea por ser la que ando buscando o porque esta conoce a la que necesito.

Uno de los lugares que más rédito me ha dado en ese sentido es la universidad; tanto los profesores como los compañeros nos pueden ayudar a desarrollar estas redes. Procure tener buenas relaciones con todos y, después de graduarse, mantenerse en contacto con la gente, ya sea por correo electrónico o por teléfono.

Actualmente las redes sociales digitales cumplen ese cometido por naturaleza. Las nuevas generaciones son expertas en el manejo de estos sistemas. Asimismo, además de los amigos, los familiares están en esta red.

Procure ser recíproco: en tanto más use usted esta red, sea usted también uno de los facilitadores de información y contactos, con el fin de que las relaciones crezcan y se consoliden.

Cada vez que conozca a alguien, guarde su tarjeta de presentación, anote al dorso dónde la conoció y si usted cree que el contacto es valioso, agréguelo a su lista de contactos en la computadora.

Hay que tratar de no abusar. Tengo una amiga de la universidad que sólo me llama cuando necesita un favor. Nunca me ha llamado para saludarme, pasarme una información valiosa o hablar de los viejos tiempos; cuando veo que me llama, a veces me cuestiono si debo tomar la llamada.

Construir relaciones es un arte, dedíquele tiempo y esfuerzo pues, en el mediano y largo plazo, le puede generar grandes beneficios.

Rodearse de los mejores asesores

Me ha permitido tener más criterio sobre un evento y actuar con más tranquilidad.

Cuando se está en el mundo empresarial, sobre todo si dirige una empresa, se sabe un poco de muchas cosas. Tal vez podamos ser expertos en uno o pocos temas, pero es muy difícil pensar en conocerlo todo y ser expertos en todo.

Al cabo del tiempo me ha funcionado muy bien tener buenos asesores cerca, con los cuales pueda hablar, clara y francamente, de temas complejos o que yo no conozco.

En mi caso, el grupo de profesionales de los que me he rodeado son:

- El abogado, en mi caso abogada. Con ella discuto temas laborales, procedimentales, recursos y estrategia en los litigios que he tenido. Desde la revisión de los contratos hasta mi testamento.

- Por otro lado, tener un Contador Público Autorizado (CPA) es clave en temas tributarios, contables y conseguir certificaciones para los bancos, entre otros.

- En los últimos años he compartido mucho tiempo con un buen amigo periodista. Me ha asesorado para enfrentarme a medios de comunicación, entender situaciones del Gobierno y la política en general.

- Un buen asesor financiero me ha permitido hacer mejores negocios, reformularlos y lograr mucho más éxito en hacer propuestas no tradicionales.

- Para construir o valorar terrenos o inmuebles, un arquitecto o ingeniero civil es fundamental.

Este grupo de profesionales me ha permitido tener más criterio sobre un evento y actuar con más tranquilidad. Me han evitado "meter la pata".

No piense que esto solo se consigue pagando la consulta, también es tener conocidos con los que se puedan discutir estos temas.

Aún con profesionales tan buenos como lo son ellos, hay momentos en los que se debe buscar a alguien aún más especializado, como un abogado en derecho constitucional o penal. Hay temas que solo el que tiene una especialización los maneja bien.

Para ejemplificar lo bueno de un experto calificado, recuerdo que una vez un amigo, de buena fe, me propuso valorar una empresa que estaba vendiendo; había leído de cómo hacerlo, pero no era su especialidad. Su valoración fue de "X" monto. Luego contratamos dos empresas expertas en el tema y el valor de ambas, por separado, fue de "2 veces X". Tenga cuidado de darle algo muy especializado a alguien no experto.

Trabaje en crear ese grupo de profesionales, no es tarea fácil, pero si logra tenerlo podrá asesorarse mejor y tomar mejores decisiones.

Manejo del personal

a cargo

¿Tiene claro qué motiva

a cada integrante de su equipo?

Debemos entender las necesidades de los diferentes grupos.

Yo creo que no se debe tratar a todo el mundo por igual. No me refiero a discriminar, sino más bien a que cada persona tiene intereses, estilos, personalidades y motivaciones muy distintas.

En cuanto a las motivaciones, he tenido personal a cargo que reacciona muy bien a los incentivos económicos. Son trabajadores que cuando ven dinero al final del camino, logran cualquier meta.

Hay otros para los que el tema monetario no es relevante. Recuerdo una vez, hace bastante, que le dije a mi compañero encargado de las cuentas por cobrar que le quería dar una bonificación por su excelente trabajo y me contestó: "yo no quiero el dinero, usted me paga para hacer esto, su reconocimiento para mí es más importante". Yo me quedé impresionado de que una persona no quisiera una plata extra, pero ese día aprendí que el reconocimiento social es un gran motivador.

En otros casos, una buena realimentación a un colaborador puede servir de gran aliciente para seguir adelante. Las nuevas generaciones necesitan de estos procesos para seguir motivados y enfocados en sus trabajos.

Otro gran elemento es el tiempo. Para muchos esto es más valioso que el oro, para salir antes de la oficina y seguir estudiando, o para ir al kínder o escuela, y atender una reunión de su hijo. En una oportunidad, almorzábamos con la ejecutiva de un banco que nos atendía y ella comentaba que otro banco le había hecho una oferta del doble de su salario y que la había rechazado. Comentaba que estaba muy comprometida con su empleador, pues ingresó a trabajar y quedó embarazada al mes y medio. Contaba que nadie le dijo nada negativo, sino más bien, durante los primeros tres meses de su regreso al trabajo, su jefe le permitió que llevara a la niña al banco los viernes, porque la niñera durante tres meses no podía cuidarla los cinco días de la semana aún.

Debemos entender las necesidades de los diferentes grupos: hombres, mujeres, solteros, casados, con o sin hijos, estudiantes o embarazadas.

A veces tenemos a la mano recursos muy sencillos que podrían motivar mucho:

- una nota o correo de agradecimiento o felicitación,
- una tarde libre,
- dejar salir antes a alguien que tiene examen,
- un almuerzo,
- permitir teletrabajo.

A cada persona se le puede motivar de formas distintas, por lo que debemos averiguar cuál es la mejor alternativa para cada quien.

¿Tiene claro el impacto de sus palabras?

Un breve comentario puede marcar la vida de una persona.

Nos pasamos todo el día conversando con la gente, pero pocas veces nos detenemos a pensar en el impacto de lo que decimos.

Lo que hablamos podría representar el crecimiento, la motivación y el desarrollo de un colaborador o amigo. O lo contrario, podría producir el desplome, la frustración o el retroceso de las personas que tenemos cerca. Les cuento tres ejemplos:

1. Recuerdo que en una fiesta de navidad, mientras estábamos en medio de un partido de fútbol, había llegado un amigo con su hijo de doce años y quería jugar con nosotros. Yo tenía claro que los compañeros eran bastante rudos y fácilmente olvidaban quienes éramos. En vista del riesgo y desde el medio campo, sentencié: "No dejen entrar al chiquito, lo van a golpear". Catorce años después, Luis Manuel todavía me reprocha algunas veces cómo ese día no lo dejé jugar y le amargué el día.

2. En el último seminario de graduación del bachillerato en administración, el profesor Juan Carlos Beckles nos dijo: "ustedes están ahí sentados y yo dando clases porque yo nací antes; si se lo proponen, podrían estar acá en mi lugar". Esas palabras me inspiraron y cinco años después era yo el que daba clases. Desde el 2008, y para mi sorpresa, hemos sido colegas en el Tecnológico de Costa Rica.

3. De pequeño tuve algunos problemas de aprendizaje, era distraído e hiperactivo, supongo que tenía déficit atencional. Después de muchos exámenes psicológicos y citas con psicopedagogos, hubo un examen que le llamó la atención a mi mamá: la prueba de coeficiente intelectual me había dado 100 puntos.

Ella me sentó y me dijo: "Erick, sacaste un 100 en el examen de inteligencia, eso quiere decir que sos muy inteligente y cualquier cosa que te propongás en la vida la vas a lograr" y me dio un beso. Esta conversación me marcó tanto que cada vez que tuve algún problema en la vida la recordaba y me inspiraba.

Cuando estudié psicología y llevé el curso de pruebas psicométricas, descubrí que más del 90% de las personas están entre 90 y 110 en la prueba de coeficiente intelectual. Quiere decir que mi inteligencia es totalmente promedio, pero las palabras de mi mamá ya habían surtido efecto y siempre me creí muy inteligente.

Estas tres historias reflejan cómo un breve comentario puede marcar la vida de una persona.

Por eso, tenga siempre cuidado de lo que dice, cómo lo dice, cuándo lo dice y delante de quién.

Asegúrese de que cada colaborador

---

esté bien ocupado

Uno de los trabajos del gerente es asegurarse de que todos trabajen y produzcan.

Una de las responsabilidades más importantes del gerente es estar seguro de que cada persona bajo su responsabilidad tenga su carga laboral completa.

Si hay colaboradores que estén ociosos, esto le generará serios problemas a la empresa.

Primero que todo, el tener varias personas en esta condición hará que la empresa tenga más personal de la cuenta y esto cuesta mucho dinero, porque podría hacer lo mismo con menos gente. En este caso le estamos haciendo perder dinero a la empresa.

En una ocasión, mi gerente de operaciones me pidió una plaza más para la atención nocturna de la empresa. Yo le pregunté cuáles iban a ser las funciones de esta persona desde la media noche hasta las 5 a.m. que inician las llamadas él me garantizó que había mucho que hacer, cosa que le discutí pero él me insistió en que sí. Le autoricé la plaza con la condición de que tuviera claro que la cargas de trabajo estarían completas. A la semana llegó a mostrarme, con mucho malestar, los videos de que la persona contratada había pasado durmiendo toda la madrugada.

Por otro lado, la gente con tiempo libre es muy propensa a interrumpir las labores de quienes sí están ocupados. Esto se puede prestar para la generación de canales de comunicación informal (chismes) y crear espacios para el conflicto. En este caso se afecta negativamente el clima organizacional y, por ende, la productividad, dando pie a que la empresa pierda dinero.

Asegúrese de que las personas tengan más trabajo del que pueden hacer, alrededor de un 120%, así, cuando terminen algo, ya tendrán asignada la próxima tarea. Esto le va a dar la tranquilidad de que sus colaboradores no tienen tiempo para perder o hacer perder el tiempo a los demás.

Como es usual que uno siga pidiendo reportes y más tareas, dedique tiempo con cada uno para darle prioridad a los entregables y definir con claridad las fechas; que las personas entiendan que, si bien hay mucho que hacer, no es para que se queden hasta la madrugada haciéndolas.

Uno de los trabajos del gerente es asegurarse de que todos trabajen y produzcan.

Llamar la atención en privado

y premiar en público

Nadie del grupo tenía que enterarse del regaño que se llevó, solo él.

En una reunión de Junta Directiva uno de los administradores de unidad de negocios tenía que exponer el avance de su área. Él recién se había graduado –fue alumno mío–, a sus 23 años de edad ya era Bachiller en Administración de Empresas. Desde hacía un año que estaba con el grupo. Se caracterizaba por tener muy buena actitud y formación, pero le faltaba experiencia.

Con un semestre de estar en el negocio, había logrado ponerlo en punto de equilibrio, ordenarlo operativamente y subir las ventas de manera sustancial. La exposición que hizo en la Junta fue muy buena, demostró todo esto y convenció de que la compañía tenía futuro y él en el grupo. ¡Se llevó las palmas!

Lo que nadie supo fue que el día anterior no le había ido muy bien. Siempre nos reunimos antes de la Junta para revisar la presentación y tratar de prever situaciones que se nos puedan complicar durante la sesión.

No llegó a la hora acordada a la reunión. Lo llamé y llegó con la presentación incompleta. Tenía muy buenas excusas pero ninguna válida para el día siguiente.

Todo esto hizo que me molestara mucho y se ganó una reprimenda fuerte. Le hice ver lo importante que era la reunión del siguiente día y que debía mejorar muchas cosas.

Nadie del grupo tenía que enterarse del regaño que se llevó, solo él.

La gente se desmotiva mucho cuando se les llama la atención delante de los iguales, clientes, superiores o subalternos. Es muy normal que, al calor del momento, la llamada de atención sea más fuerte de lo necesario y una desproporción desmotivará más.

El "cara a cara" es clave y las personas valoran mucho esto, por eso nunca llame la atención por correo electrónico.

Trate, además, de que entiendan el por qué del regaño y hágalo de forma constructiva y que le permita crecer.

Por otro lado, el reconocimiento, las felicitaciones y los halagos sí deben ser en público, pues esto motiva mucho a las personas.

¿Qué hago si alguien

no cumple con mis expectativas?

Es doloroso darles oportunidades a los buenos candidatos y que no las aprovechen.

Contratar personal siempre será un azar. Por más entrevistas, test psicológicos y confirmación de antecedentes, no hay garantía de que esa persona se adapte, cumpla y se quede en la empresa.

Sin embargo, cuando se promueve a alguien, haber visto trabajar al candidato aumenta la certeza en la decisión, la apuesta es menos riesgosa.

Pero, ¿qué hacer cuando en el puesto nuevo no logra el rendimiento e impacto esperado?

En una ocasión promoví a varios de mis estudiantes que habían hecho el proyecto de graduación conmigo o en mi empresa.

Dos de ellos se desenvolvieron muy bien, desde un inicio a los tres se les vio mucho potencial, pero hubo uno que no logró despegar.

Hablamos con él y discutimos el impacto de su trabajo pero no vimos que levantara cabeza.

Debatimos mucho en qué hacer con él. Devolverlo al trabajo que tenía antes era una posibilidad, pero creímos que habría sido terrible. Despedirlo era otra opción. La tercera opción que barajé era que, de pronto, yo me había hecho una expectativa muy alta sobre él y la realidad era otra. Desgraciadamente soy bastante exigente y no me gustan las aguas tibias.

Deberíamos enfocarnos en lo que la gente sí da, los aportes que están haciendo y si están dando su mejor esfuerzo.

Pero antes de tomar una decisión drástica, yo recomiendo pensar en un tiempo razonable para que el colaborador mejore, bajo el compromiso de que la persona hará su mejor esfuerzo por cambiar. Este lapso debe permitir ver esta mejoría y darnos la confianza de que sí puede lograr lo acordado. Se puede conversar con la persona para tener claro si es que no sabe y hay que capacitarle, o si es que no puede o no quiere.

Si se determina que hay disposición de mejorar, brindarle apoyo y un lapso para que realice los cambios es una muy buena opción. Si lo logra, genial; sino, se puede despedir con la tranquilidad de que se hizo todo lo posible.

Una discusión sobre liderazgo

Nunca pida algo que usted no puede dar o estaría dispuesto a hacer.

Estábamos una vez en clase hablando sobre liderazgo y yo les comentaba a los muchachos que por mi principal actividad (trabajar en seguridad), lo usual es que yo pase los días claves del año en la oficina; estos son Navidad, Año Nuevo y Semana Santa.

Mi argumentación era muy sencilla. Hay que predicar con el ejemplo. ¿Cómo le voy a pedir a la gente que no falte esos días, que lleguen temprano y que trabajen más horas, si yo estoy en la playa bronceándome?

Mis alumnos, por el contrario, decían que no yo delegaba, que no le tenía confianza a mi equipo y que probablemente pensaba que las cosas no iban a salir bien sin mí.

La discusión fue seria y profunda; todos tomaron partido, para un bando y para otro.

Yo, por mi parte, reflexioné mucho sobre lo acontecido y llegué a algunas conclusiones:

- "El ojo del amo engorda el ganado". Cuando uno está al pendiente de su negocio, la gente trabaja mejor.

- Nunca pida algo que usted no puede dar o estaría dispuesto a hacer.

- Muchas veces en estas fechas yo no hago mucho, pero tengo claro que a la gente le gusta ver que el jefe también está trabajando en días festivos. Esto mejora la moral del equipo.

- Una de las formas que tiene el ser humano de aprender es copiando un modelo, a esto se le llama modelaje. Lo que yo quiera que mi equipo haga, debo hacerlo yo primero.

Cuento con un excelente equipo de trabajo y he tenido que delegar y confiar en él, pues para el tamaño de la operación sería imposible hacerlo todo yo. Tengo muy claro que la argumentación de los muchachos dista mucho de mis verdaderas intenciones.

Yo sigo estando presente en estas fechas y sigo teniendo la moral alta para exigirle a mi equipo que estén trabajando. Tal vez llegue el día en el que, desde la casa o la playa, llame a la oficina para ver cómo va todo, pero antes debe quedar un buen sucesor en mi puesto y que trabaje con mística, compromiso y dedicación.

¿Tiene listo a su sucesor?

No le tenga miedo al desarrollo de su personal.

Existen grandes ejemplos de líderes en la historia, grandes personajes que nos impresionan y hasta han terminado en reconocidos largometrajes. Sin embargo, a veces en estas historias se les olvida mencionar que muchos de esos personajes tenían equipos muy robustos y competentes, detrás o junto a ellos, que permitieron conseguir sus logros.

Los grandes líderes tienen, a su vez, equipos de otros líderes junto a ellos para lograr los proyectos o retos que se imponen. Muchos de estos son desarrollados dentro de un proceso constante de creación y desarrollo de talento.

¿Qué tan bien anda el proceso de desarrollo de sus líderes? A mí me apena mucho cuando los gerentes, supervisores o jefes se destacan por su inseguridad y evitan desarrollar a los que tienen debajo suyo en el organigrama. Esto lo hacen por miedo a que ellos les quiten el trabajo o los saboteen.

Una vez escuchaba la historia de un guatemalteco que llegó a dirigir una importante corporación mexicana. Contaban que él, siempre que llegaba a un puesto, trataba de enseñarles a dos o tres personas lo que él hacía, pues le parecía importante, si un día faltaba, que las cosas no se detuvieran. Esto funcionaba bien en caso de vacaciones, incapacidades y ausencias. Comentaba que cuando él quiso ascender en el escalafón, se le facilitaron las cosas pues cuando iba a una entrevista interna de trabajo para optar por un puesto mejor, había una pregunta básica: "¿si lo promovemos a este nuevo puesto, hay alguien que pueda hacer su trabajo?", a lo que él inmediatamente podía contestar que ya habían dos o tres personas y hasta podía mencionarlos con nombres y apellidos.

Esto sucedió muchas veces y decía que siempre había otros mejores que él aplicando para el puesto, pero ellos no siempre tenían listo un sucesor y perdieron muchas promociones.

No tenga miedo al desarrollo de su personal. Muchas veces, pensamos en que esta gente nos va a boicotear, pero más bien yo pienso que cuando uno es genuino y desarrolla a su equipo, esto hace que aumente la confianza y lealtad.

Si usted prepara a uno o varios sucesores, tenga claro el impacto positivo que esto tendrá para la organización. Pero también piense en su beneficio: más posibilidades de ascenso, personas más competentes a su lado, podrá delegar más y dedicarse a otras cosas más importantes y entretenidas.

¿Lo despido ya o le doy más tiempo?

Muchas veces, el pensarlo tanto y dilatar, lo único que hace es un daño para la empresa.

Para mi gusto, una de las funciones más desagradables de ser gerente es despedir a un colaborador, sobre todo cuando se ha trabajado mucho tiempo con él y es cercano.

Sin embargo, hay momentos en los que hay que proceder y si no se despide a la persona, podría ser que, por no tomar la decisión, luego perdamos el trabajo.

Uno de los grandes considerandos antes de tomar la decisión definitiva es: ¿cuánto tiempo hay que darle a un empleado que baja el rendimiento, para que mejore? ¿Será que lo va a lograr? ¿Vale la pena darle chance?

Han habido momentos en los que he dado más tiempo de la cuenta; la persona no cambió, cometió más errores que perjudicaron a la empresa y al final me lamenté de no haber sido más expedito con el despido.

En una ocasión, una persona experta en el tema de recursos humanos, me planteó un criterio muy claro: "Conociendo como conoce ahora a la persona, ¿usted lo volvería a contratar?" Si la respuesta es sí, vale la pena dar tiempo y trabajar en rescatar a esa persona, pero si la respuesta es no, ¿qué está esperando para despedirle?

Otras consideraciones que le podrían ayudar:

- ¿Tiene buena actitud? ¿Tiene disposición para corregir, mejorar, aprender y lograr un desempeño superior? Si la persona no se quiere ayudar, mejor ni perder su tiempo.

- ¿Es capaz la persona para desempeñarse en el puesto?

- ¿Las nuevas condiciones de la empresa le van a permitir desempeñarse bien? Si la compañía está entrando en una nueva condición interna o de mercado, y esa persona ya no empata, es buen candidato para abandonar la empresa.

- ¿Se tiene claro dónde está la brecha? ¿Se puede cerrar en un plazo conveniente?

- Valore el costo de dejarse a alguien malo en la empresa.

- La rotación de otra gente valiosa, por tener gente incompetente en posiciones claves.

- Posibles errores futuros o pérdida de negocios por tener gente incapaz.

También tenga presentes otros elementos que se presentarán a la hora de traer a una persona nueva:

- El costo de despedirlo o no hacerlo.

- El costo de recontratación e inducción.

- Impacto posible de esa persona en la competencia.

Si con su mejor criterio la decisión es el despido, "tire del gatillo"; muchas veces el pensarlo tanto y dilatar, lo único que hace es un daño para la empresa.

Juntas Directivas

¿Por qué debo tener una Junta Directiva

en mi Empresa Familiar?

Puede aportar conocimiento que no se tiene en la empresa o la familia.

Una de las recomendaciones más claras en la administración de las Empresas Familiares (EEFF) es la creación y utilización de la Junta Directiva (JD) como órgano de gobierno. Es práctica usual en las corporaciones e instituciones públicas, pero poco aplicada en el mundo de las EEFF.

Cuando estudiaba este tema y valoraba la utilización de la JD en mi empresa, se lo comenté a mi papá. Su respuesta fue inmediata: "No me traiga gente de afuera para que me diga lo que yo tengo que hacer".

Si lo analizamos, esta es una respuesta típica de un emprendedor exitoso que nunca necesitó de otros para fijar rumbo y lograr sus metas. Sin embargo, una vez que él también estudió sobre la administración de las EEFF comprendió la importancia y lo dejamos claro en el protocolo familiar, con una única condición, la JD se echaría a andar una vez que él estuviera retirado.

Al salir de la empresa por enfermedad y ver los fuertes roces que teníamos mi hermano y yo, por diferencias de criterio, la JD fue fundamental y nos ha ayudado muchísimo.

Existe una resistencia natural al cambio, además de mucho temor a traer gente de afuera y que se lleven "los secretos" de la empresa. Hay que perder el miedo a llevar a un externo a la empresa, pues en una reunión de 3 o 4 horas al mes es muy difícil conocer a cabalidad el *know how* y funcionamiento de la empresa. Si lo vemos en perspectiva, es más riesgoso un empleado de planilla que sí conoce los secretos y pormenores.

Una junta agrega mucho valor a la empresa. Genera mucha formalidad, pues ya no es la reunión de hermanos o primos, sino que hay gente a la que no se le tiene tanta confianza o no va a ver bien un "berrinche" o una informalidad. Otras ventajas son:

- Permite profundizar temas con un criterio técnico o profesional.

- Si se escoge bien, puede aportar conocimiento que no se tiene en la empresa o la familia; por ejemplo, en el área financiera, estratégica o mercadológica.

- Puede evaluar el rol de los familiares que trabajan dentro de la empresa. Usualmente tienen una mayor profundidad de análisis.

- Con mucho más criterio, puede establecer un cambio de rumbo y posiciones más balanceadas, tomadas con mucha distancia del afecto que caracteriza a la familia, además de tomar decisiones colegiadas en la empresa.

¿Por qué debo involucrar a directores externos

en mi Junta Directiva?

El amor, el cariño y el afecto no son los mejores criterios para dirigir una empresa.

¿Por qué la JD de mi empresa no debe estar compuesta sólo de miembros de la familia?

Muchas de las decisiones que se toman en la familia se dan por el amor, el cariño y el afecto que se tienen los miembros o por la ausencia de ellos. Éstos no son los mejores criterios para dirigir una empresa, y si se toman así las decisiones, van a generar grandes trastornos, típicos de la Empresa Familiar (EF).

Así las cosas, una JD formada sólo por miembros familiares va a comportarse con mucha confianza y las reuniones tenderán a ser informales. Es normal que se terminen viendo temas de la familia y es posible que muchas decisiones se tomen el domingo en el almuerzo en la casa de los papás o en el cumpleaños de un sobrino. Muchas veces pasando por encima acuerdos previos o compromisos tomados con la alta gerencia.

Todo esto refuerza la improvisación, las decisiones emocionales y poco estructuradas; la ocurrencia está a la orden del día.

Ante esta situación, el incorporar miembros externos a la familia en la JD es muy saludable. Analicemos el por qué:

1. En las Juntas generan un ambiente formal; al ser gente que no conocemos a profundidad, el comportamiento tiende a ser más serio y recatado.

2. Los excesos de confianza o explosiones emocionales ya no serán bien vistos, pues de un gerente o director (familiar) se espera seriedad y madurez.

3. Propicia la amplitud en los temas, pues, si se logró traer expertos, los analizarán con criterio y profesionalismo.

4. Como no son familia, no hay afecto de por medio en sus opiniones y decisiones.

5. Mejoran la comunicación.

Lo que se busca es generar un equipo de externos con los internos, en beneficio de la empresa y su continuidad en el largo plazo.

Sobre el perfil y el reclutamiento de los

directores externos para mi Junta Directiva

Primero que todo, hay que tener claro qué es lo que se anda buscando.

Si ya se tomó la decisión de formar la JD, ¿cómo consigo y selecciono a estos directores?

Primero que todo, hay que tener claro qué es lo que se anda buscando. Se debe hacer un perfil del director, como cuando usted va a contratar a una persona para la empresa.

Se recomienda:

- Que conozca el sector en el que se desempeña la empresa. Es decir, que entienda el negocio.

- Muchas veces se desea traer personas que tengan conocimientos amplios en temas que la empresa o la familia no dominan. Por ejemplo, hace unos meses desarrollamos un negocio de venta al detalle y nuestro conocimiento es en servicios, por lo que tomamos la decisión de traer un director que conozca esta área.

- Que no necesiten el dinero que ganan, que no se convierta en un ingreso clave, pues por mantener este ingreso podría no decir lo que es correcto sino algo más político para no perder el puesto.

- Analizar la dinámica que se busca. Recuerdo que después del primer año de trabajo con la JD, nos dimos cuenta de que había poca discrepancia en la junta, y tal vez los temas no se cuestionaban mucho. Así que decidimos traer un director más, que fuera con una personalidad inquisidora y jugara un rol de "abogado del diablo" en las discusiones. Con esta incorporación la dinámica mejoró. En otra oportunidad, rechazamos a un muy buen candidato ya que por edad podría ser el papá de varios de nosotros y nos dio temor de que él nos tratara en una Junta como sus hijos.

Ahora bien, ¿dónde consigo a estas personas?

Una fuente usual son las recomendaciones de conocidos, o de otros empresarios. A mí me ha servido mucho buscar entre colegas profesores universitarios, sobre todo entre aquellos que son consultores o empresarios, y dan clases por gusto y no tanto como académicos de carrera.

Las cámaras empresariales pueden ser otro buen lugar. Recuerdo el caso de una empresa donde cada uno de los dos hermanos traía a un director de su confianza y entre los dos externos buscaban un tercero que complementara la junta.

¿Debo inscribir formal y legalmente

a los directores de mi Junta Directiva?

Mientras se hace la cultura de la administración adecuada de la empresa familiar, tener una junta directiva funcional es importante.

Veamos algunas consideraciones más sobre este mismo tema de Juntas Directivas.

En una empresa no familiar, se realiza una junta de accionistas y ellos votan para escoger los miembros de la JD. Sin embargo, en una empresa familiar, muchas veces la misma familia busca a los miembros externos para beneficiarse (puntos discutidos en otros artículos), de tal forma que hay consenso para traer a esa gente a la empresa.

¿Debo inscribir formal y legalmente a los directores externos?

En nuestro caso, y en varios que conozco, llegamos a trabajar a la JD, pero la representación legal de la empresa y los puestos de la junta recaen sobre la familia o socios de la empresa como siempre han estado. Es decir, formalmente la junta no se modifica. Esto por cuanto lo que ha imperado no es lo formal sino lo funcional. Además, esto garantiza que la familia no pierda formalmente el poder de la empresa.

Se ha dado el caso, recientemente, que la Caja Costarricense de Seguro Social (CCSS) ha relacionado empresas y personas, y ha formado grupos de interés económico, en donde el estar moroso en una de las empresas hace que automáticamente las demás lo estén.

Comento esto porque, si ponemos a un director que es empresario y lo inscribimos en nuestra junta, la CCSS podría vincular las empresas, y lo que haga una afectaría a las otras. Este es un punto importante a considerar.

Probablemente con la madurez y la formalidad, estos directores podrían ser nombrados formalmente, sin embargo, mientras se hace la cultura de la administración adecuada de la EF, tener una JD funcional es importante.

Por otro lado, si esta Junta trabaja bien, y la familia y la empresa la respetan como tal, esto generará un impacto muy grande en la organización. En todas las sociedades anónimas hay JD nombrada, pero no se usa ya que quien manda es el dueño, así que el tema de fondo no es si está nombrada o no.

Buenas prácticas de la Junta Directiva

de una Empresa Familiar (1)

El director debe tener la nariz metida en la empresa y sus manos en la espalda.

La primera junta que dirigí fue simplemente un tsunami para mí. Pocas veces en mi vida había sentido un revolcón tan grande.

Evidentemente no estaba preparado para rendir cuentas, para demostrar a fondo posiciones y venía de un trato muy amable y generoso de mi padre, el cual no iba a encontrar nunca en una JD con directores externos. Pensé, "¿en qué momento formé esta Junta?"

Tenía dos caminos: disolverla para no pasar otra vez por ese suplicio, o prepararme mejor, crecer y dar mi mejor desempeño. Escogí la segunda.

Después de más de cinco años de dirigir mi junta y ser director externo en otras, he aprendido algunas cosas que quiero compartir con ustedes. Tal vez esto que voy a comentar sea evidente en una corporación o institución pública, pues ellos son muy formales, pero en una EF son prácticas que la mayoría de veces no se aplican.

1. En cuanto a la frecuencia de las reuniones: se busca que sea tal que no se caiga en lo operativo, como administrar la empresa sobre el gerente general, ni un tiempo tan largo que se le pierda el seguimiento. A mí me ha funcionado una vez al mes, pues hay estados financieros, indicadores de gestión, avances de proyectos y otros que justifican que la JD se reúna mensualmente. Algunas empresas en las que sus ejecutivos están fuera del país lo hacen máximo cada tres meses; dejan un

comité de administración formado por miembros de la junta que atiende decisiones urgentes que se deben tomar a ese nivel. Solo en casos especiales se justifica más de una vez al mes.

2. El director debe "tener la nariz metida en la empresa y sus manos en la espalda": esto quiere decir que debe estar muy al tanto del negocio, pero debe evitar administrar o hacerse cargo, no debe resolver lo operativo pues para esto está el equipo gerencial.

3. La elaboración de la agenda es fundamental: si esto no se hace bien y a tiempo, la reunión tendrá poco impacto. Es común que las personas aporten poco en este punto. Será el gerente general o el presidente (dependiendo de la empresa) quien deberá sacar de su tiempo, analizar y conversar con los otros para hacer una propuesta de temas clave para la Junta. En mi caso, la agenda me toca a mí, pues el interesado de que la empresa avance y de "sacarle el jugo" a los directores soy yo.

4. La elección de temas para la junta: deben ser estratégicos, de impacto a futuro, planes de inversión, planes de ventas o producción, adquisiciones o ventas de empresas, entre otros. Se busca que afecten a la empresa y sean relevantes. Yo entendí que debía buscar a mi hermano para negociar estos temas y otras veces a uno o dos directores de confianza, con tal de que los temas tratados fueran trascendentes. Muchas veces, las reuniones se concentran solo en la revisión de estados financieros, por cuanto en algunas compañías es la única información consistente que se genera todos los meses. Esto es peligroso, pues deben haber muchos otros elementos estratégicos que analizar.

Buenas prácticas de la Junta Directiva

de una Empresa Familiar (2)

Esto hace que los directores se preparen con tiempo y estudien el material y aporten más en la reunión.

5. Nosotros hacemos una agenda anual de temas y los repartimos mensualmente, de tal forma que hay meses en los que se revisa:

    a. el análisis de estados financieros,

    b. la evolución de la estrategia,

    c. la presentación de informes de auditoría,

    d. la discusión de presupuestos,

    e. la evolución de ciertos proyectos,

    f. la evaluación de la JD, y

    g. la presentación de planes de trabajo de cada gerente.

Esto permite distribuir todo lo que debe pasar por la Junta durante el año, y facilita la elaboración de la agenda cada mes.

6. Poner en agenda todas las reuniones del año; en el mes de diciembre procuramos programar todas las juntas del otro año; esto hace que la gente planifique su año, sus viajes y facilita las convocatorias.

7. La agenda debe circularla con tiempo: yo procuro que al menos una semana antes ya todos conozcan la agenda y les indico que si quieren hacer alguna sugerencia o cambio, es posible.

8. Tener una secretaria de Junta Directiva: en nuestra Junta las actas eran un poco deficientes, pues mi hermano o yo debíamos tomar nota del acta, redactar los acuerdos y darle seguimiento, además de participar en la reunión; es muy difícil hacer las dos cosas bien a la vez. En una junta en la que yo era uno de los externos, tienen una secretaria que llega, toma nota, hace el acta y le lleva el seguimiento a los pendientes. Es genial, pues así uno está atento a la discusión y no a la redacción. Tengo claro que esto cuesta dinero, pero si pueden, háganlo, vale la pena.

9. Seguimiento de los pendientes, acuerdos y actas: si las juntas se hacen y no se cumplen los pendientes, pierden impacto. Lleve el control de pendientes y haga que las personas los cumplan, eso le ayudará mucho. Procuro enviar con la agenda un anexo con los asuntos pendientes.

10. Para mayor efectividad del trabajo, se recomienda pasar todo el material que se va a discutir con 5 o 6 días de anticipación. Nuestra Junta generalmente es jueves o viernes, y nosotros tratamos de pasar todo el material el viernes antes de la sesión, esto con el objetivo de que los directores lo revisen, y así la discusión sea sobre el fondo y no pierda mucho tiempo en contarles por primera vez los asuntos en la reunión. Esto hace que los directores se preparen con tiempo y estudien el material y aporten más. En una junta en la que participé, la noche antes nos pasaban el material. Algunas veces me levantaba de madrugada para revisarlo, pero otras veces era imposible.

Buenas prácticas de la Junta Directiva

de una Empresa Familiar (3)

Un director que no aporta, debe ser sustituido.

11. Escogencia del lugar y fecha de la Junta: busque un lugar agradable y fresco. Evite las interrupciones. Si es necesario, salga de la oficina o de la casa en búsqueda de un lugar adecuado. La gente debe estar con los cinco sentidos en la Junta.

12. Rotación de directores: este es un tema delicado pues cada persona cumple ciclos en su vida. Al contratar al director debe dejarle claro que no es de por vida. Que estará por un periodo y luego será sustituido por otro. Algunas personas hablan de dos años. Yo no creo en cambiar al director cada cierto tiempo pues el proceso de aprendizaje a veces es lento, y es después de unos meses que está listo para aportar y puede rendir uno, dos o varios años más. Sí creo que si hay un director que no aporta, debe ser sustituido. Las personas deben entender que esto no es personal, es un tema de negocio.

13. La Junta es un excelente mecanismo de presión al equipo: yo acostumbro poner a mis gerentes a exponer sus resultados a la Junta, esto los foguea, los hace crecer y los obliga a prepararse más.

14. En cuanto a si gerentes (no familiares) de la empresa deben participar o no en la Junta como directores, hay dos criterios. Unos dicen que no es recomendable que los gerentes de la empresa sean directores ya que puede generar un conflicto de intereses; soy jefe de mi jefe en ese foro. Otros dicen que sí, pues

el gerente podría reservar información que no le conviene revelar y con otro gerente ahí, ayudaría a que toda la información fluya. A mí me gusta la primera.

15. Sobre el pago: los directores reciben un pago por sus servicios. Se acostumbra pagar un monto fijo por reunión. El monto varía según el sector, complejidad, especialidad y duración de las juntas. Recientemente participé en un seminario organizado por INCAE *Business School,* donde se planteaba la idea de incentivar a la JD con un porcentaje de las utilidades. Esto ofrecerá un incentivo más para que las decisiones generen rentabilidad en la empresa. Ellos proponen un 2% de las utilidades netas o un 3% del EVA (Valor Económico Agregado, por sus siglas en inglés).

Espero poder ayudar con mi experiencia al manejar una Junta Directiva de una Empresa Familiar, pues, cuando me correspondió a mí, no tenía ninguna formación, ni criterio y todo esto que les comento ha sido concebido a través de prueba y error.

Sobre el manejo del dinero

Cuide su historial de crédito

Lo que hacemos de jóvenes podría abrir o cerrar las puertas en el futuro para obtener un crédito bancario.

Cuando estaba en el colegio, me pareció sorprendente e irreal el caso de Rodrigo Díaz de Vivar, el Cid Campeador. Un caballero que, para una de sus guerras, necesitaba dinero y dio en garantía un cofre pesado y cerrado. Él garantizaba que iba a pagar el préstamo y que daba su palabra de que el cofre habría una garantía suficiente por si él no regresaba. El prestamista, confiando en el honor del Cid, tomó el cofre cerrado en garantía. Cuentan los versos que él pagó el crédito y que el cofre tan solo tenía arena.

Básicamente esto es lo que hace un banco; suponer que uno es honorable y que va a pagar sus deudas.

Recuerdo que mi primera operación bancaria fue en 1995, cuando solicité mi primera tarjeta de crédito. Mi papá me sirvió de fiador y fue por $500 de crédito.

Con el tiempo el monto aumentó y luego retiraron el aval de mi papá. Yo ya había demostrado que era responsable y que honraba mis deudas.

Cuando asumí la representación legal de las empresas del grupo, lo primero que hizo el banco fue revisar mi historial crediticio. En muchas de las operaciones que hemos realizado, la única garantía ha sido fiduciaria; lo que respalda la operación es mi firma, es decir, mi compromiso personal de pagar la deuda.

Decía mi mamá que "el que paga lo que debe, sabe lo que tiene". Nunca deje una deuda pendiente. Conozco personas que por un disgusto o un descuido con una empresa de tarjetas de crédito no pagaron un pendiente, y al poco tiempo les llegó un cobro judicial, un embargo o hasta perdieron bienes importantes.

En nuestro medio, todos los bancos y empresas de tarjetas tienen un sistema único donde todas las deudas se registran, así que si uno queda mal en una empresa, queda con un historial manchado ante todas las entidades bancarias.

Lo que hacemos de jóvenes podría abrir o cerrar las puertas en el futuro para obtener un crédito para un negocio.

La trampa de las tarjetas de crédito

Nunca lo que uno gana en millas o puntos compensa los intereses que se pagan.

Al ascender en su carrera profesional, tendrá acceso a mejores condiciones y mayores montos en sus tarjetas de crédito. Muy probablemente pase de tener una tarjeta cualquiera a una dorada, platino o infinita.

Las tarjetas son excelentes herramientas para lograr créditos rápidos, pues ya están aprobados y no hay que explicar en qué se va a utilizar el dinero. Además hay un plazo mediano para pagar la deuda.

Conozco personas que han hecho proyectos financiados enteramente con tarjetas de crédito. Un amigo, con varias tarjetas, compró los materiales y construyó unos apartamentos que hoy alquila y le generan un buen ingreso.

La tarjeta es genial cuando se usa para pagar y se cancela el monto total cada mes, es decir, se paga de contado.

Cuando uno viaja son muy bien recibidas y fáciles de usar.

Pero cuando la tarjeta no se usa para un fin especial sino que es un medio de pago regular hay que tener mucho cuidado.

Primero que todo, hay un efecto psicológico de que el dinero disponible es ilimitado. Esto porque, generalmente, el disponible en las tarjetas tiende a ser más que lo que uno gana en un mes.

Poca gente lleva un control estricto del gasto, y cuando llega el estado de cuenta más de uno "se va de espaldas".

Por lo regular, las tarjetas tienen intereses muy altos, muchas veces doblan la tasa de interés de un crédito personal bancario.

Los bancos conocen muy bien su negocio, y cuando ofrecen millas, puntos, descuentos o devoluciones de dinero generan una terrible tentación, por lo que hay que controlarse y no pasarse de la raya. Si esto sucede, nunca lo que uno gana en estos beneficios, compensa los intereses que se tendrán que pagar.

Mi recomendación es que tenga tarjetas de crédito; úselas como medio de pago pero cancelando todo el saldo cada mes. O utilícelas para proyectos especiales donde usted tiene controlado el gasto por el interés que se va a generar.

Si se le dificulta el uso de este medio de pago, mejor utilice el efectivo o el débito, y así no caerá en la trampa de las tarjetas de crédito.

El estilo de vida marca el uso del dinero

En cualquiera de los casos, trate de que nunca su gasto supere su ingreso.

La cantidad de deudas, ahorros, presión u holgura financiera van a depender en mucho del estilo de vida que usted decida tener.

Mucha gente quiere llamar la atención o cree que el éxito está en función de cuantos activos tiene. Los grandes carros, caballos, motos o propiedades salen a relucir para demostrar una posición.

¿Cuántos viven haciendo alarde de su poder pero en la realidad lo deben todo y el efectivo disponible para vivir es muy limitado?

En algunas ocasiones ocurre por presión social, por el "qué dirán". Ropa cara, fiestas exageradas y viajes, lo único que hacen es agravar la situación económica.

Otras veces esto obedece a un problema de personalidad, se trata de llenar vacíos emocionales con cosas materiales; existe un serio conflicto y se vive en negación.

En cualquiera de los casos, trate de que nunca su gasto supere su ingreso. Use la vía del ahorro para conseguir cosas y si va a usar el crédito, hágalo de forma calculada y medida, no de forma compulsiva o sin pensarlo bien.

Contrastemos dos casos ficticios para ejemplificar esto:

Las dos hijas de un empresario son ambas profesionales y trabajan en las empresas de la familia. La primera nunca tuvo excesos en su crianza, aprendió a ahorrar y es muy inteligente al gastar. Siempre compra ropa clásica, es decir, que puede usar todo el año y difícilmente pasa de moda. Tiene casa propia, aunque no es lujosa. Al comprar una casa modesta no ha comprometido su situación financiera y sus deudas son bajas. A cambio de esto, siempre tiene dinero.

Por otro lado, la segunda fue criada en cuna de oro, siempre lo ha tenido todo y cuesta mucho complacerla. No hay otro lugar para las compras que no sea Miami, California y Nueva York; tres viajes que hace regularmente cada año. Frecuenta semanal o quincenalmente el salón de belleza y vive en la zona residencial más cara del país. Debe mucho dinero de la hermosa y gran casa donde vive. Generalmente pasan ella y su marido muy ajustados de dinero y con poco disponible para otras actividades. No tiene ahorros. Su presión financiera es muy alta.

No puedo decir cuál de los estilos de vida es mejor, pero algo tengo muy claro, la primera vive muy tranquila y el estilo es de perfil bajo. La segunda vive un alto perfil, luce muy bien, pero de pronto no vive tan tranquila.

La clave no es cuánto gano, sino cuánto gasto

Conozco casos de personas que han gastado su dinero en las cosas más absurdas.

La gente siempre se queja por lo que gana; el salario nunca es suficiente. Sin embargo, el problema no es cuánto uno gana, sino cuánto gasta.

En ciertos ambientes cuesta mucho que las personas busquen otro trabajo y le saquen el jugo al día. En el caso de muchos de mis amigos, tenemos dos o tres trabajos, pues, además de tener nuestro empleo regular, damos clases en uno o dos lugares. Si más gente hiciera esto, se darían cuenta de que otro ingreso permite lograr muchas metas.

Imagine las veces que uno ha recibido un aumento de salario y, en vez de capitalizar este dinero, ahorrarlo o invertirlo, lo que se hace es un cambio de hábitos de consumo. En vez de salir a comer tacos, vamos a un restaurante más formal y caro. O cambiamos la moto por un carro y esto aumenta los gastos mensuales.

Los que saben del tema hablan de que la regla de oro es ahorrar al menos el 10% de todo lo que uno gana. En los tiempos actuales hay que aprovechar los servicios automáticos de ahorro que ofrecen los bancos, el ahorro de las empresas como las asociaciones solidaristas o tarjetas que ahorran por uno.

Conozco casos de personas que han gastado su dinero en las cosas más absurdas. Hay que invertir en elementos que nos generen retorno. Una recomendación es que use el dinero en su educación. Convertirse en profesional o llevar cursos de actualización son cosas que valen la pena, porque usted podrá escalar posiciones y ganar más dinero.

Otra opción es comprar tierra, invertir en bienes raíces. Si puede comprar un inmueble que le genere un alquiler, eso es muy valioso. O al vender es usual ganar mucho dinero por el incremento del valor de la propiedad, ¡viva la plusvalía!

Si es más arriesgado, emprenda un negocio; si lo hace bien podrá recibir dividendos de su empresa, o venderla y ganar más de lo que usted se podría imaginar. Tenga presente que este proceso es el más riesgoso, pero también es el más rentable.

Escriba su testamento

Hable con su abogado, piense bien lo que usted tiene y a quién quiere dejárselo, y luego haga su testamento.

A nadie le gusta hablar de la muerte, en especial si es de la propia, pero es uno de esos temas sobre los que hay que profundizar en ciertos momentos de la vida.

Si usted no tiene ningún activo importante, este texto no es para usted todavía.

Si ha sido previsor, ha ahorrado, ha puesto en práctica los consejos que aquí se han discutido y ha avanzado en su trabajo o es un empresario emprendedor, es muy probable que ya tenga algunos activos estratégicos.

A estos activos me refiero: acciones de una empresa, un terreno o casa, carro o similar. Es importante pensar en qué pasará con ellos o a quién se los quiere dejar si usted ya no está.

Todo esto toma mucho más sentido si usted ya está casado, tiene pareja o tiene hijos. Si usted muere y no hizo testamento, su familia tendrá que hacer un proceso engorroso para tomar posesión de esos bienes y podría durar años. Por otro lado, usted corre el riesgo de que el juez reparta las posesiones como él quiera y no como usted hubiera querido.

Dejar desprotegida a su pareja (tal vez por no estar casado y solo haber convivido) o a su familia, o mucho peor, que ellos terminen enfrascados en una disputa judicial peleando por lo que usted hizo en vida, no es conveniente.

Hable con su abogado, piense bien lo que usted tiene y a quién quiere dejárselo, y luego haga su testamento.

Recuerde que el testamento puede cambiarlo en el futuro las veces que quiera y esto le dará la tranquilidad de ir dejando protegidos a sus seres queridos, según el momento histórico en el que esté y de acuerdo con los activos estratégicos con los que cuente en ese momento.

Si usted lo considera prudente, compártalo con sus seres queridos para que ellos tengan claro qué esperar si usted muere, o por lo menos coménteles que ya testó y cuál notario tiene el documento.

Algunas veces, veo el mío en mi archivador y me recorre un escalofrío por el cuerpo, pero luego pienso que es mejor tener esto claro y ordenado.

No descuide el tema tributario

Entre más ordenado sea usted, más se le facilitará el pago.

Trabajar y tener un buen ingreso es una gran alegría, ahí se ve reflejado todo el esfuerzo en preparación y la astucia para lograr nuestras metas.

En esta coyuntura de alegría y logro, por favor no olvide que el Gobierno es nuestro socio y que hay que pagarle lo que le pertenece: los impuestos. Estos tributos son tanto a título personal como a nivel empresarial.

Entre más ordenado sea usted, más se le facilitará el pago de los impuestos. Es fundamental tener los registros claros, las facturas de venta y los comprobantes de gastos, para presentarle toda la información al contador mensualmente.

Busque un contador ordenado, dinámico, proactivo y preocupado por nuestro negocio; que le ayude a estructurar una correcta estrategia fiscal y lo mantenga al tanto de los pagos que debe realizar.

En cada país hay varios formatos para operar, como persona física, persona jurídica, o bajo algún régimen especial como MIPYME (Micro, Pequeña y Mediana empresa) u otros. Discuta con la persona encargada de su contabilidad acerca de cuál se adapta mejor a su actividad y pague en conqruencia a lo seleccionado.

Si usted deja de lado sus obligaciones, luego vienen los problemas. Podría exponerse a multas, pago de intereses, cierre de su local y, en algunos países, hasta a prisión por evasión fiscal.

Infórmese muy bien, conozca sus derechos y obligaciones. Recuerde que el desconocimiento no lo exonera de ser culpable de cometer un delito.

Si en algún momento tiene dudas o problemas, asesórese con un buen contador público autorizado (CPA) o un abogado tributario.

Tenga presentes también los impuestos de otros activos como: el automóvil, las propiedades, patentes y otros.

Maneje un bajo perfil

A nivel de seguridad un bajo perfil es bueno.

Me encanta conocer gente que, a pesar de tener mucho dinero, pasa desapercibida. Comento esto porque, desde un punto de vista de seguridad, una persona adinerada que hace alarde de lo que tiene se expone a un robo, un secuestro o algún delito en su contra o la de su familia.

Hace algún tiempo visité a unos amigos de mi esposa y el anfitrión me pareció una persona muy agradable. Ese día nos cocinó, conversamos durante horas y la pasamos muy bien. El señor me pareció una persona acomodada, con suficientes recursos pero no me pareció que tuviera más de lo que necesitaba.

Tenía un carro doble tracción japonés, nada llamativo, vestía de forma casual; su casa muy bonita pero no llamaba la atención. En fin, no me dio la impresión de que fuera un hombre muy adinerado.

Cuando venía de regreso, mi esposa me comentó que él era un hombre multimillonario. Sus empresas producían energía, engordaba ganado, tenía producciones agrícolas, estaba en el sector inmobiliario y muchos otros negocios. Si no me hubieran hecho la aclaración, yo hubiera pensado que era un profesional de clase media alta.

Este tipo de gente sabe quién es, lo que tiene y no necesita impresionar.

Si aprendemos de ellos, podemos ver ciertos elementos que se repiten:

- Manejan un buen carro pero no llamativo.

- Son personas que viven bien, que se dan sus lujos pero que no despilfarran el dinero.

- Cuando se les pregunta sobre sus negocios son un poco esquivos o evasivos, para no detallar todos los negocios en los que están metidos.

- Su forma de vestir es como la de muchos otros. Puede ser que ande ropa de marca, pero es la que usa mucha gente. No portan joyas que llamen la atención.

- El uso de las redes sociales es muy discreto. Cuando salen de viaje no lo publican. Comparten sus fotos y videos en red privada, como el WhatsApp. Las fotos que comparten son pocas y en ellas no evidencian opulencia, lugares caros o elementos que llamen la atención.

- Es gente humilde, amable y cortés con las personas.

Piense muy bien qué es lo que usted quiere trasmitir; a nivel de seguridad un bajo perfil es bueno, pues podría evitar un secuestro, un robo o atraco, y hacen que su integridad física se mantenga a salvo.

Temas personales

¿Cuál es el camino correcto?

Siempre y cuando cada paso que des vaya en la dirección correcta, vas bien.

Durante muchos años me he topado con personas que no saben lo que quieren lograr en la vida, gente sin rumbo ni claridad.

Uno de los cursos que más me gusta dar es el de Liderazgo y Trabajo en Equipo, en un programa de extensión del Tecnológico de Costa Rica.

Hay un ejercicio que regularmente les asigno a los estudiantes, que les ayuda mucho a encontrar ese "plan de vuelo".

Consiste en escribir un artículo en donde ellos se entrevistan a sí mismos 5, 10 o 20 años en el futuro. Ahí cuentan sus logros (futuros) y cómo hicieron para llegar ahí. Les pido que se imaginen que el texto va a salir publicado en la revista que más represente el segmento en donde se van a desempeñar. Al inicio los entusiasma, hay un grupo que lo escribe con gran facilidad, estos son lo que tienen muy claro lo que desean para el futuro. En los que me concentro es en los que, faltando pocos días para entregarlo, no han escrito ni un párrafo.

Es normal encontrarlos inmersos en un gran conflicto personal, pues más allá de la tarea que tienen que entregar, el ejercicio los obliga a decidir qué quieren hacer con sus vidas.

Ya sea este ejercicio o cualquiera que usted crea útil, es clave para hacer una pausa en la vida y replantear lo que quiere lograr a todo nivel: personal, laboral, familiar, académico, por mencionar algunos campos de la vida.

Siempre les comento a los estudiantes un viejo proverbio:

"Un viajero se detiene y le pregunta a un sabio:

-- Sabio, ¿voy bien?

-- Siempre y cuando cada paso que des vaya en la dirección correcta, vas bien- contestó el sabio."

No hay otra persona que pueda decidir su rumbo, sólo usted mismo.

Procure definir lo que quiere lograr en la vida, póngalo por escrito (para que lo tenga presente) y trabaje todos los días por lograrlo. Cuando tenga que decidir, saber para donde va facilitará la decisión, y no dudo de que llegará a buen puerto.

El día que soñé que era un dragón

El estrés nos envuelve, nos aparta de lo que nos gusta y, en casos extremos, nos mata.

A finales del 2013, tuve un sueño que marcó mi vida: soñé que era un dragón y escupía fuego. En ese momento me desperté y las náuseas casi me ahogan.

Visité al gastroenterólogo y efectivamente, además de la colitis de siempre, tenía reflujo. Los ácidos del estómago estaban subiendo hasta la garganta y, por consiguiente, irritaban todo a su paso.

El doctor me aclaró que esto era bastante peligroso y que incluso el gran malestar que había tenido en la garganta a la hora de dar clases (razón por la que tomé la decisión de apartarme del mundo académico) era culpa en parte del padecimiento.

Me mandó a perder peso, a comer mejor y a reducir mi estrés. Me recomendó a una excelente nutricionista. Yo sabía que estaba pasado de peso (ya me lo habían dicho otros médicos), y llevaba como cinco años diciendo, en cada Navidad, que iba a bajar de peso en enero. Y nunca sucedía.

Pues bien, inicié la dieta y el ejercicio. Topé con suerte de que la dieta consistía en comer de todo, sólo que de forma balanceada. No les voy a negar que al inicio me ponía furioso y frustrado, pero una de dos cosas iba a pasar: o me acostumbraba o dejaba todo botado.

En la segunda cita llevé un examen de sangre y tenía los triglicéridos por las nubes. Entendí que debía comprometerme a fondo con el proceso y así lo hice. Cerré la boca.

En cinco meses perdí quince kilos y bajé los triglicéridos a un nivel aceptable. Pasé de una talla 36 de pantalón, a una 32.

La verdad es que me siento mucho mejor, mi salud ha mejorado muchísimo.

El tema es: ¿por qué esperarse a llegar a estos niveles para tomar medidas correctivas? ¿Por qué siempre hay tiempo para una reunión más, pero no para nuestra salud?

Por desgracia el estrés nos envuelve, nos aparta de lo que nos gusta y, en casos extremos, nos mata.

Esto lo escuchamos siempre, pero no se descuide. Haga ejercicio, asesórese de cómo comer bien, dedíquese tiempo, vacacione, tome un masaje relajante con regularidad, pase tiempo con su familia; en resumen, busque cómo bajar sus niveles de estrés.

Sea fiel a su naturaleza

Estamos hablando de nuestros valores.

Un día un buen amigo me contó la siguiente fábula.

Estaba un alacrán a la orilla de un río y le pedía a una tortuga que lo pasara al otro lado. Sin embargo, ella se negaba y le decía que, si lo hacía, él la picaría y moriría. Al final ésta fue convencida con un argumento muy sencillo: "tortuga, si yo te pico, ambos moriríamos en medio río". La tortuga montó a su peligroso compañero, inició la navegación y justo a la mitad del río, el alacrán picó mortalmente a la tortuga. Ya agonizante la tortuga le preguntó: "¿por qué has hecho esto? Vamos a morir los dos..." El alacrán contestó: "Querida tortuga, no puedo serle infiel a mi naturaleza".

A algunas personas les cuesta mucho establecer cuáles son los elementos que no son negociables en su vida, se les dificulta conocer y defender su propia naturaleza, así como al alacrán. Él tenía claro que podría perder su vida para ser fiel a su esencia.

Si queremos definir esto en términos más técnicos, estamos hablando de nuestros valores.

Cuando usted llega a una organización y algo le choca o le molesta mucho, podría ser que los valores de esta riñan con los suyos. Otro amigo me comentó que, en la junta directiva en la que participaba, se enteró de que la empresa tenía como práctica cotidiana sobornar al comprador o proveedor con tal de lograr el contrato o la venta. Él me decía que esto iba en contra de sus valores éticos; que se sentía muy mal y no estaba claro de qué debería hacer. Yo le pregunté que cuál era la duda y le conté la historia del alacrán. No debería haber conflicto, el tema era muy claro: o la empresa cambiaba esta práctica, o él debía poner de inmediato su renuncia.

Cuando usted esté en una empresa, relación o situación en la que se dé un conflicto con sus valores, no lo piense mucho; o se aguanta todos los días violar sus valores, o busca una empresa, relación o situación en donde tenga tranquilidad. Esté dispuesto a morir por sus valores.

¿Su pareja tiene claras

---

las complicaciones de su trabajo?

Las partes deben entender lo que exige el trabajo de uno y del otro, y proyectarse a futuro.

Cuando uno está en la etapa de noviazgo y se lleva bien, las cosas son color de rosa. Nada molesta, todo se ve divertido y se pasa por alto.

Pero cuando uno se casa todo cambia y lo que antes molestaba un poquito podría magnificarse.

La pareja puede ser un impulso a los proyectos, los nuevos retos, los emprendimientos y nuevos esfuerzos laborales, o podría convertirse en el principal enemigo de nuestro desarrollo personal, laboral o empresarial.

Recuerdo una estudiante que conoció a su esposo en un mega-bar de los que se hacen a fin de año en Zapote. Le pareció maravilloso lograr ligar al animador. Pero luego le molestaba que él tuviera que salir varias noches a la semana, llegar de madrugada y pasar la noche entre bailarinas, licor y mucha fiesta.

Al principio iba con él, pero para una persona que trabaja de 8 a.m. a 5 p.m., salir a trasnocharse a diario no es opción.

Aquí es donde las partes deben entender lo que exige el trabajo de uno y del otro, y proyectarse a futuro. Deben saber si podrán lidiar con el estilo del trabajo del otro:

- Laborar de noche, fines de semana o feriados.

- En cual época del año pueden vacacionar (por ejemplo, en mi trabajo es imprudente salir de la oficina en Navidad, Año Nuevo y Semana Santa).

- El tipo de gente con la que se trabaja. Su pareja debe tener claro que sus compañeros(as) de trabajo van a estar a su lado durante la jornada laboral.

- Los viajes al inicio son muy divertidos, pero cuando se pasan 10 o 20 días al mes fuera de la casa, podría ya no ser tan entretenido.

Si todo esto y más queda claro antes del matrimonio, usted tendrá una persona que entiende lo que usted hace y no será piedra de tropiezo, tendrá su apoyo y sabrá las renuncias, sacrificios y beneficios que tendrá si se casa con usted.

Enamorarse en la oficina

Agua que no has de beber, déjala correr.

A mediados de los noventa, cuando me integré a trabajar en la empresa de la familia, éramos sólo hombres.

Después de unos años logré que se contratara a la persona más competente, independientemente de su género, pero siempre creí que el recelo de mi papá en contratar personal femenino se debía al hecho de que muchas veces surgen amores en la empresa. Lo más común es que estas relaciones sean más temporales que permanentes; el problema de esto es que, en ocasiones, una de las dos personas tenía claro que era algo pasajero y la otra no.

Esta situación tiende a generar problemas de rendimiento, desconcentración y hasta descuidos en el trabajo diario.

Recuerdo una vez que un buen amigo, gerente importante de una empresa, se involucró con la recepcionista. Ella se mostraba locamente enamorada, pero él parecía satisfecho del *affair* que había tenido, y como ya había logrado su cometido, no quería ni hablarle a la chica. En este proceso de "locura temporal", ella traspapeló una notificación judicial muy importante, y eso significó que la empresa no respondiera a tiempo una querella, generando una pérdida de $150.000.

Debido a ese descuido, que pudo haber parecido sencillo e inocente pero que trajo graves consecuencias al patrimonio de la compañía, una persona perdió su trabajo y otra recibió una fuerte amonestación, manchando su expediente personal.

Yo creo en el refrán popular, "agua que no has de beber, déjala correr". La intención que usted puede tener, honesta y sincera, podría no ser correspondida y poner en juego su futuro laboral en la empresa.

En otra ocasión había una pareja en la oficina que tenía una relación formal. En determinado momento, él se involucró con una subalterna y se formó un triángulo amoroso en la empresa.

Con esto inició un ciclo de pleitos, las reuniones se volvieron muy tensas y el asunto pronto escaló. Mucha gente dentro de la misma oficina tomó partido, unos a favor, otros en contra, y la situación se tornó realmente incómoda.

Al final, esto le costó a la empresa las destituciones de personas que no hubiera querido despedir; varios miles de dólares en pago de cesantía o indemnización por los despidos y, además, una ruptura sentimental.

El problema con muchos de estos casos es que todo empieza color de rosa y ese enamoramiento tiende a hinchar el pecho y llenar de euforia a los involucrados, pero el final muchas veces es muy duro, complicado y triste.

Conozco pocos casos en los que las parejas terminan y siguen teniendo una relación cordial y llevadera en su trabajo.

Usualmente los resentimientos, los malos recuerdos y el desamor hacen que sobrellevar una ruptura en el trabajo se vuelva imposible. Así que, antes de recibir esa flecha de Cupido, piense muy bien en lo que se está metiendo y tenga claras las consecuencias; valore si las intenciones son buenas o si se quieren aprovechar de usted, y, además, decida si vale la pena ese amor, pues como parte del combo podría ser que uno de los dos, o los dos, pierdan el trabajo.

Si va a tener una relación amorosa en su trabajo,

---

sea profesional

Mantenga maneras correctas en la oficina y la distancia apropiada.

Algunas empresas tienen políticas de conducta interna que están específicamente dirigidas a la restricción de las relaciones amorosas dentro del ambiente laboral; otras organizaciones no son tan estrictas en este aspecto. Sin embargo, nunca está de más ejercer la precaución cuando de nuestro trabajo se trata.

Si se diera una situación de este tipo y la otra persona quiere corresponderle, siendo usted el jefe o no, debe haber mucho profesionalismo en la relación. Trate siempre de mantener maneras correctas en la oficina y la distancia apropiada.

Un ejemplo de caso extremo de falta de profesionalismo es cuando a alguna pareja se le ocurre la idea de tener relaciones sexuales en el trabajo. Por lo general, y en el mejor de los escenarios, recibirán una amonestación; pero lo más probable es que sus acciones puedan derivar en un despido.

Lo mejor es no dar pie a que hablen de usted, a que sea su profesionalismo el que anteceda su fama. Si la empresa en la que está acepta las relaciones amorosas, evite habladurías, comentarios y hechos bochornosos; o sea, ejerza siempre la precaución.

Hay mucho tiempo fuera de la oficina, aprovéchelo. Separe los negocios del placer, pues si no lo hace, le puede generar graves problemas. Respete el lugar donde trabaja.

Odio a los acosadores

Tenga claro que las leyes protegen al más débil.

Conozco a jefes que sistemáticamente se aprovechan de su posición y tratan de obtener favores sexuales en el trabajo, a cambio de beneficios y ventajas, o en su defecto aplican amenazas, intimidación o el despido mismo si la víctima no accede a sus solicitudes.

El uso del poder para hacerse de favores sexuales es repulsivo, indeseable e ilegal, pero desgraciadamente muchos lo usan.

Tenga presente, sobre todo, que esto es contra la ley y si lo comete podría enfrentar una demanda penal.

Se debe tener claro que las leyes protegen al más vulnerable. Estadísticamente, la mayoría de los casos son las mujeres quienes sufren en estas situaciones, aunque los hombres tampoco se escapan.

Denuncie al ofensor si ha sido víctima, no se deje ni caiga en su juego. Si tiene una relación con alguien en el trabajo y luego esta persona no quiere relacionarse más, insistir puede ser igualmente acoso sexual. Hace algún tiempo en Costa Rica un diputado y un magistrado se vieron expuestos a grandes escándalos por esto mismo. Si la otra persona ya no quiere nada más con usted, no insista y respete.

También tenga claro que su equipo se va a enterar de todas las "diabluras" que haga. Esto puede ocasionar que la moral del equipo se caiga, junto con el respeto y el respaldo hacia usted.

Recuerdo otro caso de un colega que "no dejaba piedra sobre piedra" e intentaba conquistar a cualquier mujer que se le ponía por delante. El tema había trascendido tanto que ninguna compañera se subía con él en el ascensor. Creo que tener esta fama no es nada bueno.

Procure dejar en paz su ámbito laboral; respete, valore, respalde y apoye a todo su equipo, y será recordado como una persona con un gran liderazgo; aprovéchese de su posición y tenga muy claro que, de actuar incorrectamente, se expone desde una sanción social hasta una penal.

Mi casa ideal

Inicie ahorrando; luego de unos años tendrá el monto suficiente para pagar la prima de un lote, casa pequeña o apartamento.

Cuando iniciamos nuestra vida laboral, es típico que nos llenemos de juguetes caros, ropa, CD de música o juegos, zapatos y cuanto gusto nos queramos dar. Para todo hay plata menos para ahorrar.

Si lo pensamos bien, esa etapa es el mejor momento para comenzar a ahorrar y pensar en el futuro. La mayoría de jóvenes viven con sus padres, sus costos de vida son bajos y esto podría aprovecharse para hacer una buena reserva.

Todo el mundo piensa en tener casa hasta que se va a casar, pero es un mal momento, pues si se suman los gastos de la boda, la luna de miel o amueblar la misma vivienda, no se puede pensar en comprar una propiedad, por lo que no queda más remedio que alquilar.

Lo curioso de arrendar es que, en muchos casos, el monto es igual a lo que se pagaría con un préstamo bancario. Entonces, ¿por qué la gente no compra casa, pagando un préstamo, en vez de alquilar?

Básicamente por la prima para comprar la casa. Lo usual en nuestro medio es que la prima sea del 20% del valor de la casa. Si lo analizamos, es un monto muy alto que la mayoría no tiene.

Mi recomendación es sencilla, pero implica mucha convicción y compromiso. Inicie ahorrando. Muchos recomiendan el 10% de todos los ingresos (si es más, mejor). Piense que este fondo es sólo para comprar lote o casa, ¡no lo use en otra cosa!

Luego de unos años tendrá el monto suficiente para pagar la prima de un lote, casa pequeña o apartamento.

Una vez un buen amigo me decía que la casa debe ser como un carro. Cuando uno es joven quiere un carro de dos espacios, tanto por lo bajo del costo, como por la imposibilidad de llevar a la suegra en él. Conforme crece la familia, hay que pasar a uno de cinco espacios (aunque sea de dos puertas). Es muy probable que si todo marcha bien, podamos comprar un carro de agencia y hasta uno de lujo o un 4x4. Así que inicie con una casa pequeña o un terreno. Si ya compró el lote le será fácil conseguir un préstamo para construir.

Otra muy buena alternativa es buscar una vivienda usada, de unos 10 o 20 años. Cuando yo compré mi primera casa, esta estaba recién construida, mientras que por el mismo monto un amigo compró una de 20 años, con el doble de terreno y área construida, y estaba en muy buen estado.

Conforme pasen unos años, lo usual es que el valor de la propiedad suba. A esto le sumamos el ahorro que seguirá haciendo y entonces podrá vender la casa o el lote, y comprar algo más grande. Véalo como un proceso. Difícilmente tendrá la casa de sus sueños al primer intento.

La clave está en decir que NO

Los compromisos en exceso pueden hacer que queramos morder más de lo que podemos masticar.

Personalmente, una de las lecciones que más me ha costado aprender en la vida es la de decir que no. Cuando me piden un favor, me cuesta mucho negarme.

Muchas veces por colaborar, otras por querer ser admitido en un grupo o por no querer quedarle mal al jefe he dicho sí, cuando lo correcto debió haber sido no.

Cuando uno tiene claros los compromisos, las prioridades, las capacidades y hasta las habilidades, esto también simplifica mucho el panorama de lo que uno debe y no debe hacer.

Recuerdo que muchas veces en la universidad me preguntaron si quería dar algún curso fuera de mi área de especialidad. En muchos momentos me vi tentado a tomarlo, ya sea por contar con un ingreso extra o por explorar nuevas posibilidades; pero al final la respuesta fue no.

Al cabo del tiempo entendí que mi fortaleza estaba en dar clases en lo que mi experiencia y habilidades me hacían fuerte, y los estudiantes agradecen mucho eso.

A veces con los amigos, incluso en el trabajo, los "sí" deben están relacionados con lo que podemos hacer y con lo que no va en contra de nuestros valores.

Los compromisos en exceso pueden hacer que queramos "morder más de lo que podemos masticar", así que hay que dosificarlos y ser prudente .

Evite saturarse.

¡Me equivoqué de carrera!

Mi recomendación, muy personal, es que se cambie de carrera.

Qué complicado es decidir el resto de la vida a los 16 o 18 años, cuando escogemos nuestra carrera universitaria. En muchos de los casos no hay madurez, claridad ni criterio para hacer la escogencia.

Pasa muchas veces que entendemos que nos equivocamos. ¿Qué debería hacer si ya decidí que esto no es lo mío?

A mitad de mi formación en Agronomía en la Universidad de Costa Rica, llegué a la conclusión de que eso no era lo mío y se me vino encima un conflicto existencial.

Había ingresado a esa facultad pues quería luego estudiar Biotecnología, pero entendí que lo mío eran la administración y los negocios.

Mi recomendación, muy personal, es que se cambie y que busque lo que le apasione. Muchas personas felices de lo que hacen día a día comentan que ellos harían su trabajo aún sin paga. La actividad que usted escogió ¿la haría de gratis?

No se preocupe por el tiempo que "perdió" pues lo que aprendió, en algún momento de la vida, le va a servir.

Un buen amigo no se ubicaba y pasó por muchas facultades: ingeniería civil, arquitectura, física y terminó en Artes, estudiando diseño gráfico para especializarse en diseño de realidad virtual. Él comentaba que todo lo que aprendió en las otras carreras fue clave para desempeñarse en ese campo.

Si por el contrario, decide terminar lo que empezó, le felicito y le insto a iniciar esa carrera que le apasiona; le aseguro que la mezcla de dos profesiones harán de usted una persona destacada y diferente.

Poco antes de cumplir los treinta volví a la universidad y saqué mi bachillerato en psicología y, con toda propiedad, puedo decir que la perspectiva personal cambia y lo hace a uno más diverso y amplio.

Tenga claro que todo lo que estudie le va a dar bases, criterio y una mayor visión de mundo.

¿Cuál es su pasatiempo?

El resto del mundo no importa en ese instante...

En la vida no todo es trabajo, es importante buscar espacios en los cuales uno pueda distraerse, fugarse de lo cotidiano y dedicarse tiempo. Una de mis recomendaciones es que busque un pasatiempo o hobby, algo que realmente le guste.

En la universidad tenía un compañero que hacía aviones a escala y los volaba. Oírlo a él hablar sobre el diseño, la pintura, el motor, los lugares donde iba a volarlos era simple y sencillamente fascinante, nos transportaba y volábamos por los aires. No me queda duda de que los lunes, al llegar al trabajo, mi compañero llegaba fresco, despejado y listo para trabajar.

Parte de lo interesante de un hobby es adentrarse en problemas distintos, y resolverlos es lo que lo hace a uno crecer.

La función de un pasatiempo es hacer higiene mental. El cerebro necesita hacer cambios de actividad, resolver nuevas situaciones y problemas. Esto nos ayudará a lograr un mayor equilibrio emocional.

Hay personas que dedican su tiempo a leer, hacer ejercicio, resolver crucigramas, jugar ajedrez; en fin, lo importante es tener actividades distintas al trabajo.

Todo esto hará que se desarrollen otras habilidades, le permitirá conocer a otras personas, le dará nuevos temas de conversación y será usted una persona más interesante e integral.

Yo practico la fotografía, esto me lleva a diversos lugares para tomar fotos y, cuando estoy en el sitio, me olvido de todo porque lo único que importa es la persona que intento captar, la toma que quiero lograr, la luz con la que cuento, la apertura del lente y el ángulo de la toma. El resto del mundo no importa en ese instante...

Ya cuando regreso a casa, procesar cada foto me permite vivir otra vez cada momento. Me ha permitido desarrollar mi parte creativa, que por cosas de la vida nunca pude incentivar. Además, me ha generado otra gran satisfacción y es que muchos de los mejores regalos que he dado son fotografías que le tomé a alguien sin que lo supiera y logré captar un momento especial.

Inténtelo, busque su pasatiempo; cuando lo encuentre va a pasar una cantidad importante de horas mágicas, inmerso en una actividad que lo apasiona.

Pensamientos finales

Tenga cuidado con la abundancia

Tenga la disciplina de revisar y controlar muy bien, en época de bonanza.

Creo en los ciclos, como los económicos, los climáticos y muchos otros. Ni todo está mal siempre, ni tampoco está bien.

Una de mis historias favoritas de la Biblia se encuentra en el Génesis. Fue cuando el faraón soñó con siete vacas gordas que eran comidas por siete vacas flacas. Ningún sabio pudo interpretar la visión. El copero real recomendó al joven José, pues en la cárcel se había destacado por su capacidad de descifrar sueños. Con toda claridad, reveló que vendrían 7 años de abundancia, o "vacas gordas", y luego 7 años de hambruna, o "vacas flacas", en Egipto. Lograr interpretar correctamente esa coyuntura hizo que José saliera de la cárcel y se convirtiera en la mano derecha del faraón.

La sagacidad de José y la revelación de los sueños le hicieron entender que los años de abundancia que tendrían no eran para derrochar y gastar a manos llenas, sino prepararse para los malos años que vendrían.

En muchas empresas el problema es que, cuando hay mucho ingreso y muchas utilidades, se deja de lado el control de los gastos y costos; la administración se relaja por completo.

Tenga la disciplina de revisar y controlar muy bien en época de bonanza, para no desperdiciar.

En los años buenos hay que invertir en cosas importantes, que impacten a futuro.

Pero también esté listo para un mal año (o varios). Tenga siempre preparado un plan de contingencia.

Realice previsiones, procure pagar préstamos, desarrollar líneas de crédito, hacer ahorros, invertir en nuevos negocios, desarrollar mercados, crecer profesionalmente, para que cuando la situación se complique usted esté preparado.

Se debe tener claro qué puede dejar de hacer o qué se puede recortar, cuál es lastre, qué podemos botar para nivelar nuestra nave.

También prepárese para rupturas del equipo. Papá decía que en época de bonanza es cuando vienen los problemas, los socios se pelean por los dividendos y muchas veces quieren más de lo que la empresa les puede dar. Cuando la situación anda mal, el grupo se mantiene muy cohesionado, tratando de sobrevivir.

Los años buenos son para disfrutarlos, para prepararse; pero no baje la guardia nunca.

Bienvenidas las desgracias,

siempre y cuando vengan solas

Hay que tener mucha ecuanimidad y analizar con detenimiento la situación.

La buena actitud, la preparación, el esfuerzo, el trabajo inteligente, las grandes habilidades que tengamos y la constancia no evitarán que algo salga mal en algún momento.

En algunas ocasiones una enfermedad, una crisis en el mercado o ser despedido por el cierre de la empresa podrían generar problemas a nivel de salud, familia, trabajo o finanzas personales, por mencionar algunas.

Mi papá tenía un dicho: "bienvenidas las desgracias, siempre y cuando vengan solas". Se refería a crisis complejas que, algunas veces, cuando algo se complica tienden a complicarse muchas otras cosas en nuestra vida.

En esos momentos hay que tener mucha ecuanimidad y analizar con detenimiento la situación. Debemos tener muy claro qué está en nuestras posibilidades solucionar y qué no. Con las primeras cosas hay que poner manos a la obra y con lo segundo, monitorearlo y ver cómo evoluciona.

Por ejemplo, si se dispara el precio del petróleo y para usted es un factor clave, no puede hacer nada; de usted no depende el precio. Deberá monitorearlo y concentrarse en las acciones que sí puede hacer, como optimizar las rutas, usar vehículos más eficientes, etc. Trate de poner todo el esfuerzo en lo que sí puede hacer.

Sea constante. A veces es muy complicado, pues tener problemas en la casa, en el trabajo o con su propia economía, hace que distraerse sea muy fácil. Pero, vuelvo a insistir, se debe tener la cabeza clara y serena para salir del problema.

Sea creativo, busque nuevas soluciones.

Hablar con personas que han pasado por la misma situación, o algo similar, ayuda mucho. Por ejemplo, si usted tiene cáncer o un familiar en esa situación, hable con personas que ya pasaron por eso. No solo va a entender que no es la única persona a quien le ha pasado, sino que podrá "vivir en cabeza ajena" la situación y aprender de ella.

Misteriosamente, estas crisis multifacéticas tienen la particularidad de que en el momento en que se arregla una arista se van arreglando las demás; tenga paciencia.

Siga adelante, no se eche a morir. Tenga claro por qué debe seguir, tal vez sea su familia o sus hijos, o los colaboradores de la empresa, no se aparte de esta visión y así tendrá algo por lo cual trabajar cada día.

Piense positivamente en que todo va a salir bien o que, en su defecto, en algún momento la tragedia tiene que acabar.

¡Qué feliz sería con lo que no tengo!

Deje de pensar en lo que no tiene, reconozca y celebre lo que tiene.

Cuando estudiaba psicología tuve la oportunidad de conocer al Dr. Jorge Bucay; psiquiatra, psicólogo y escritor argentino.

Él plantea un paradigma muy interesante al que le llama "Qué feliz sería con lo que no tengo".

Cuenta que la gente siempre está soñando o deseando algo que no tiene y están seguros de que cuando lo tengan todo cambiará.

Entre los sueños encontramos: una casa, un carro, una pareja, un trabajo, etc. Eso está muy bien, pero apuestan su felicidad a cuando tengan algo, pues creen que mientras no lo tengan no podrán ser felices.

Consecuentemente, cuando las personas obtienen lo que querían, no logran la felicidad, pues sólo van a estar felices con lo que no tienen (así dicta el paradigma).

En nuestro ámbito de acción, los negocios, las empresas, la banca, la gerencia, etc., nos han vendido la idea de que ser exitoso es tener mucho, o tener más rápido y nos amargamos cuando no lo logramos.

Es claro que trabajamos todos los días por lograr mejores condiciones, pero se debe hacer un alto, disfrutar y agradecer al Ser Supremo por lo que se tiene.

Deje de pensar en lo que no tiene, reconozca y celebre lo que sí. Una vez un amigo corredor de bolsa me contaba que cuando era mensajero en el banco, iba todos los fines de semana a la playa, en bus y con tienda de campaña, y que ahora que tenía plata, carro y esposa, era muy raro ir a la playa y que disfrutaba menos su vida.

La clave no es el dinero, no es lo que no tengo; la clave es que su estilo de vida le dé satisfacciones, con mucho o con poco.

Espero que no hipoteque su felicidad y sus buenos momentos por lo que no tiene.